Zijne Heiligheid De Dalai Lama
& Howard C. Cutler

GELUK OP JE WERK

XANDER

Uitgegeven door Xander Uitgevers BV
Hamerstraat 3, 1021 JT Amsterdam

www.xanderuitgevers.nl

Oorspronkelijke titel: *The Art of Happiness at Work*
Oorspronkelijke uitgever: Riverheads Books
Eerder verschenen als: *De kunst van het geluk op het werk*
Vertaling: Gert-Jan Kramer
Omslagontwerp: Studio Marlies Visser
Omslagillustratie: Rijksmuseum, Amsterdam
Auteursfoto: Don Farber Photography

Eerste druk 2015

ISBN 978 94 016 0365 2

INHOUD

VOORWOORD

De kunst van het geluk stond bijna twee jaar lang op de bestsellerlijst van de *New York Times.* Van de gebonden editie zijn er ruim een miljoen exemplaren verkocht. Vijf jaar later verschijnen er nog steeds herdrukken van de oorspronkelijke editie. Het was een baanbrekend boek van Zijne Heiligheid de Dalai Lama, het boek dat hem toegankelijk maakte voor een groot publiek. Zijn wijze woorden en boodschap van innerlijke vrede spraken tot de verbeelding van lezers in alle landen waarin het boek is vertaald. Voor de eerste keer sinds dat revolutionaire boek hebben de Dalai Lama en psychiater Howard Cutler de handen opnieuw ineengeslagen om de discussie over de zin van het leven te hervatten. Een discussie die begon in *De kunst van het geluk.*

In de afgelopen paar jaar heeft Howard Cutler zijn gesprekken met de Dalai Lama voortgezet, hem de vragen gesteld waarop wij allemaal het antwoord willen weten, namelijk hoe wij gelukkig kunnen worden op de plek waar wij de meeste tijd doorbrengen. Ons leven staat hoofdzakelijk in het teken van werk – hetzij thuis of op kantoor. We moeten werken voor voedsel, kleding, onderdak en om in het onderhoud van ons gezin te voorzien. dr. Cutler brengt opnieuw belangrijke onderzoeken ter sprake en vraagt de Dalai Lama daarop te reageren. Beginnend met de directe wisselwerking tussen geluk en productiviteit, ondervraagt dr. Cutler Zijne Heiligheid over de aard van werk. Volgens de meningen van vele psychiaters, en ook volgens de Dalai Lama, bepaalt onze arbeidsmotivatie in hoeverre wij tevreden zijn. In *Geluk op je werk* worden de volgende drie niveaus van motivatie onderzocht:

- *overleven: gericht op salaris, stabiliteit, voedsel, kleding en onderdak;*
- carrière: gericht op vooruitgang;
- roeping: gericht op werk als een hoger doel.

Dr. Cutler dringt door tot de wijsheid van de Dalai Lama door de volgende vragen te stellen: Hoe wordt je geluk beïnvloed door de relatie tussen je persoonlijke waarden en die van je werkgevers? Wat is de relatie tussen zelfbewustzijn en werk? Wat zijn de voornaamste bronnen van ontevredenheid en hoe kunnen we daar iets tegen doen? Hoe gaan we om met conflicten met collega's en werkgevers? Hoe gaan we om met jaloezie, woede of vijandigheid op het werk? Op welke wijze beïnvloedt gebrek aan vrijheid ons geluksniveau? Hoe gaan we om met verveling of het ontbreken van uitdagingen? Met onterechte kritiek? Met te hoge werkdruk? Met verandering van baan of werkloosheid?

Dr. Cutler bespreekt opnieuw de redeneertrant van de Dalai Lama, zodat wij weten hoe wij de wijsheid in het dagelijks leven kunnen toepassen. *Geluk op je werk* is een onschatbare bron van kracht en vrede voor iedereen die zich genoodzaakt ziet te werken voor de kost.

INLEIDING

Eind 1998 werd *De kunst van het geluk* gepubliceerd, en tot mijn complete verrassing werd het boek in korte tijd enorm populair. Om de een of andere reden leek de eenvoudige boodschap van de Dalai Lama de harten van miljoenen lezers te veroveren:

- Geluk is de zin van het leven.
- Geluk wordt meer bepaald door onze geestestoestand dan uiterlijke omstandigheden of gebeurtenissen – tenminste, als in de eerste levensbehoeften is voorzien.
- Geluk kan bereikt worden met het systematisch trainen van je hart en geest, door je houding en zienswijze te veranderen.
- De sleutel tot het geluk hebben wij zelf in handen.

Zowel voor de Dalai Lama als mijzelf kwam het succes van het boek geheel onverwacht. Sterker nog, toen ik hem op een middag ontmoette, had hij slechts een vaag vermoeden dat het boek zo ontzettend populair was, ook al had het toen al maandenlang op de bestsellerlijst van de *New York Times* gestaan. Als boeddhistische monnik hield de Dalai Lama zich niet bezig met zaken als de verkoop van boeken. Zijn kloosteropleiding verbiedt hem zelfs roem of geld na te jagen, dus hij had weinig aandacht besteed aan de opmars van het boek in bestsellerlijsten over heel de wereld. Toen ik hem vertelde dat er miljoenen exemplaren waren verkocht, leek hij oprecht verbaasd. 'Is dat zo?' vroeg hij. Ik verzekerde hem ervan dat het waar was. Aangezien dit zijn eerste bezoek was aan de Verenigde Staten sinds het verschijnen van *De kunst van het geluk*, en het boek veel publiciteit had gegenereerd, zouden er naar verwachting vragen over worden gesteld door de media. Dus vond ik het beter hem ervan op de hoogte te stellen. Dit was immers slechts een van de tientallen boeken van de Dalai Lama die in de loop der jaren waren uitgekomen. Ik zag hem al zitten bij *Larry King Live*, waar Larry hem naar het boek zou vragen en hij zou reageren met: 'De kunst van wát?' Eigenlijk gebeurde dat ook, zij het in mindere mate, toen King hem vroeg: 'Waarom is het een kunst?' De Dalai Lama had geen flauw idee. De uitgever had de titel verzonnen. Omdat hij zo vriendelijk was geweest om de uiteindelijke opbouw en redactie van het boek aan mij over te laten, wilde ik weten of hij nog vragen had over het boek. Ja, hij had er één: 'Hebben mensen iets aan het boek gehad?' vroeg hij.

'O, ja. Absoluut,' beaamde ik enthousiast.

Hij leek voor het eerst interesse te tonen. 'In welk opzicht?' vroeg hij oprecht nieuwsgierig.

Op die vraag had ik niet gerekend. '... Ehm, euh... weet ik niet...' stamelde ik, terwijl ik mijn schouders ophaalde. Hoewel ik via de uitgeverij veel brieven van lezers had ontvangen, kon ik op dat moment geen specifieke voorbeelden bedenken. Uiteindelijk mompelde ik maar wat. Ik weet niet meer wat ik heb gezegd, maar ik voelde me een beetje als een student die zich door een mondeling examen blufte.

Later dacht ik echter na over zijn vraag. Ik kon onmogelijk weten in hoeverre zijn ideeën anderen wellicht hadden geholpen, maar ik vroeg mij af of die ideeën invloed op mij hadden gehad. En dat stond als een paal boven water. Was ik gelukkiger na talloze uren met hem te hebben doorgebracht en vijf jaar aan ons eerste boek te hebben gewerkt? Ja, absoluut, dacht ik. En ik moest glimlachen omdat hij vele jaren eerder hetzelfde had geantwoord toen ik hem had gevraagd of hij gelukkig was. Toch had ik het gevoel dat er meer moest zijn. Hoewel ik vond dat ik door zijn ideeën een gelukkiger mens was geworden, had ik nog een lange weg te gaan voordat ik de allesdoordringende vreugde zou bereiken die hij zo moeiteloos leek uit te stralen. En ik wilde die tocht ondernemen.

Ik ontdekte dus dat ik nog altijd met hiaten en onbeantwoorde vragen zat. Ik hoopte dat zich in de toekomst een gelegenheid zou voordoen om hem opnieuw te spreken, voort te borduren op onze vorige discussies, nieuwe wendingen en onderwerpen toe te voegen, en onze discussie over het leiden van een gelukkig leven in deze complexe wereld uit te diepen. En de vragen kwamen niet alleen van mij. Sinds de publicatie van ons boek, hadden veel mensen – bekenden en onbekenden – contact met mij opgenomen. Ze wezen mij op dingen die ontbraken en kwamen met vragen en onderwerpen die niet in ons boek waren behandeld. Deze vragen gingen soms vergezeld met het verzoek het de Dalai Lama zelf te vragen. Er volgden talrijke conversaties die steevast begonnen met: 'Hé, Howard, als je ooit weer de kans krijgt om de Dalai Lama te spreken, zou je hem dan alsjeblieft willen vragen...' Het duurde niet lang voordat het idee voor een tweede boek vorm begon te krijgen.

Als ik nog een boek wilde schrijven, stond mij uiteraard een enorm obstakel te wachten, want met het verstrijken der jaren is de rol van de Dalai Lama op het wereldtoneel gegroeid, wat heeft geleid tot een overvol programma. Misschien had hij er gewoon geen tijd voor. Om nog maar te zwijgen over het feit dat hij wel iets belangrijkers te doen had. Ik was bang dat hij niet zou willen meewerken, dat hij er geen tijd voor vrij kon maken. Maar ik kende zijn geheime zwakte, zijn achilleshiel: de oprechte wens om anderen te helpen. En ik was bereid daar schaamteloos misbruik van te maken. Iedereen in zijn naaste omgeving weet dat de Dalai

Lama het heel moeilijk vindt nee te zeggen tegen projecten als hij het gevoel heeft dat anderen erbij gebaat zouden kunnen zijn. En bij het indienen van mijn verzoek wist ik dat hij gevoelig was voor huilende mensen. Als laatste redmiddel kon ik altijd nog een potje gaan zitten janken.

Gelukkig hoefde ik niet veel te huilen. Zodra hij ervan overtuigd was dat anderen in enigerlei mate geholpen zouden kunnen worden door onze ontmoetingen, stemde hij met alle plezier toe. Zodoende troffen we elkaar opnieuw in zijn woning in Dharamsala om te beginnen aan de opvolger van *De kunst van het geluk.*

Ons eerste boek had zich geconcentreerd op het algemene thema van innerlijke ontwikkeling, maar veel lezers attendeerden mij erop dat een individu niet in een vacuüm leeft. We leven in de wereld, nemen deel aan de samenleving, en de samenleving waarin wij leven kan duidelijk invloed uitoefenen op het individu. Dus begonnen we met het bedenken van een actieplan en het opstellen van een lijst met onderwerpen die we niet in ons eerste boek hadden besproken. Het werd snel duidelijk dat we in *De kunst van het geluk* niet dieper waren ingegaan op maatschappelijke problemen. Dat had een reden. Zoals ik in ons eerste boek heb benadrukt, is mijn interessegebied, door mijn persoonlijke voorkeur en mijn opleiding tot psychiater, altijd beperkt gebleven tot het bestuderen van de werking van de geest, de menselijke psyche. Ik ben altijd al gefascineerd geweest door innerlijke dynamiek, hoe uiteenlopende destructieve emoties ontstaan en zich manifesteren in het leven van individuen. Een discussie over wijdverbreide problematiek in de samenleving kon mij niet echt boeien. Bovendien leken de talrijke problemen in de samenleving zo onmetelijk groot, zo overweldigend, zo ontmoedigend, dat ik ze gewoon buitensloot. Ach ja, ontkenning, het aloude afweermechanisme dat altijd stand-by staat, geliefd bij een groot publiek. Hoewel ik niet langer patiëntgerichte psychotherapie uitoefen, kon ik mij nog goed herinneren dat mijn gedachten onmiddellijk afdwaalden wanneer patiënten tijdens een sessie begonnen te vertellen over de angst hun baan te verliezen, over financiële problemen en over leven in een gewelddadige wereld. Het waren legitieme oorzaken van het lijden van de patiënt, maar deze problemen leken zo onoplosbaar dat ik mij simpelweg machteloos voelde. Dus zodra ze over dit soort problemen begonnen, was het alsof er een onzichtbare waas over mijn geest neerdaalde. Ik troostte mezelf met de gedachte dat ik hen toch niet kon helpen omdat ik niets aan die dingen kon veranderen. Ik herinner mij zelfs dat zich een lichte verontwaardiging van mij meester maakte wanneer ze dit soort problemen tijdens de therapie ter sprake brachten. Ik wilde eigenlijk roepen: 'Hé, het is niet mijn taak om dat op te lossen!' Waarom begrepen ze dat niet?

Tijdens de discussies die uiteindelijk resulteerden in ons eerste boek, had de Dalai Lama vaak mondiale vraagstukken en problemen in de samenleving naar voren gebracht. Maar ik was er altijd in geslaagd hem bij te sturen, eronderuit te komen, en de discussie terug te brengen tot het niveau van het individu. En nu zagen we ons opnieuw geplaatst voor de grootschalige problemen in de wereld. De onderwerpen op de lijst die we samenstelden, waren legio: geweld, angst voor de veiligheid van jezelf en je familie, racisme en onverdraagzaamheid, armoede, de vervuiling en vernietiging van het milieu, het uiteenvallen van het gezin, oud worden in een op de jeugd gerichte cultuur, de afname van financiële en persoonlijke middelen, de hebzucht en schandalen in het bedrijfsleven, werkloosheid, miljoenen mensen die ontevreden zijn over hun baan. De lijst werd langer en langer. Als we alle facetten van de menselijke ervaring wilden verkennen en het menselijk lijden en geluk holistisch wilden benaderen, konden we niet anders dan deze problemen onder ogen zien. In de wereld na 11 september, en na de grootscheepse fraude en het daaropvolgende megafaillissement van het energieconcern Enron, waren dit soort kwesties actueler dan ooit.

Er was nog iets waardoor ik aarzelde of we deze onderwerpen wel moesten behandelen, iets wat ik aan het begin van onze discussies te berde bracht. Ik zei tegen de Dalai Lama: 'Ik weet dat we het gaan hebben over problemen in de samenleving. En ik wil heel graag weten hoe u daarover denkt. U heeft in het verleden gezegd dat u zich het meest identificeert met uw rol als boeddhistische monnik, en ik heb genoeg boeddhistische lessen van u bijgewoond om te weten dat u een diepgaande studie heeft gemaakt van de boeddhistische filosofie. En in al die jaren dat ik u nu ken, ben ik ervan overtuigd geraakt dat u voldoende kennis in huis heeft om over tal van andere zaken te discussiëren. Ik weet dat u heilig gelooft in het belang van ethische waarden, menselijke basiswaarden. En ik heb u meermaals gepassioneerd horen spreken over het toepassen van deze ethische waarden op elk terrein waar de mens zich begeeft: de zakenwereld, de politiek, de economie enzovoort. En in de loop der jaren heb ik gezien dat u niet alleen ontmoetingen heeft gehad met de religieuze leiders van alle grote godsdiensten, maar met leiders op alle denkbare terreinen, zoals politieke wereldleiders, topwetenschappers en kopstukken uit het zakenleven, waarmee u in dialoog bent gegaan en conferenties heeft bijgewoond.' Hij knikte instemmend terwijl ik sprak. 'U heeft in wezen een geweldige praktijkopleiding genoten door intensief te discussiëren met deskundigen op allerlei gebied, en u heeft veel nagedacht over het integreren van religieuze idealen...'

'Ik benader het meer vanuit de seculiere ethiek,' corrigeerde hij.

'Seculiere ethiek dan,' gaf ik toe. 'Maar wat ik probeer duidelijk te maken, is dat ik mijzelf niet geschikt acht om dit soort dingen met u te bespreken. Ik ben opgeleid tot psychiater, en daarvoor studeerde ik geneeskunde, en daarvoor letteren. Vóór 11 september keek ik bijna nooit naar het nieuws. Ik ben hoogstwaarschijnlijk de minst geschikte persoon om deze onderwerpen met u te bespreken.'

De Dalai Lama zweeg een tijdje terwijl hij nadacht over wat ik had gezegd. 'Deze menselijke problemen, deze problemen in de samenleving, komen niet zomaar uit de lucht vallen. Ze worden veroorzaakt door mensen en ontstaan uit dezelfde problemen waarmee alle mensen worstelen, maar gemeenschappelijk, op grotere schaal, ontstaat er een sneeuwbaleffect. Ik denk dat je als psychiater heel goed in staat bent om de psychologische factoren die bijdragen aan het destructieve gedrag van individuen te begrijpen – dat gedrag veroorzaakt vervolgens problemen in de samenleving wanneer grote groepen mensen op een bepaalde manier handelen. En bovendien,' voegde hij eraan toe, 'jij bent een mens. Je leeft in de wereld, net als ieder ander. Je hoeft geen expert te zijn om dit soort dingen te bespreken. Als we willen dat deze problemen in de samenleving worden teruggedrongen, volstaat het niet dat een paar experts zich erover buigen. Elk individu dient te veranderen, en de enige manier waarop dat lukt, is wanneer gewone mensen zich meer bewust worden van de grotere problemen, begrijpen waardoor het probleem wordt veroorzaakt, en het verlangen ontwikkelen dingen persoonlijk te veranderen. Als lid van de gemeenschap, ben je net zo kundig als iedereen. En educatie is de enige weg naar verandering. Dus als er bepaalde vragen worden opgeworpen terwijl we over bepaalde onderwerpen discussiëren, kun je er iets over lezen, het bestuderen, er meer over te weten komen. Zoek je eigen voorbeelden. Dat is iets wat wij zelf moeten doen. Dat is onze verantwoordelijkheid.'

En dus gingen we van start. Naarmate onze discussies in de jaren daarop vorderden, werd duidelijk dat er zo veel onderwerpen behandeld moesten worden dat we het materiaal zouden moeten verdelen over verschillende boeken. Dit leidde tot de vraag: waar beginnen we? De zoektocht naar geluk omvatte immers zoveel onderwerpen. Waar moesten we beginnen? Hoe moesten we het materiaal ordenen en presenteren? Het leek mij logisch eerst de activiteit te bespreken die overdag het merendeel van onze tijd in beslag neemt: werk.

Toen ik dat voorstelde als het onderwerp voor ons volgende boek, getiteld *Geluk op je werk*, stemde de Dalai Lama meteen in. Hij lachte. 'Hmm... *Geluk op je werk*. Weet je, ik moet veel reizen voor mijn werk, en ik boek mijn vluchten altijd op een tijdstip dat mij het beste uitkomt, maar dan krijg ik te maken met vertraging,

vertraging en nog eens vertraging!' Hij begint harder te lachen. 'Dan raak ik een beetje geïrriteerd, een beetje "ongelukkig" op de werkvloer. Dus ik denk dat ik zo'n boek ook wel kan gebruiken.'

Na enig overleg bedachten we een opbouw voor een boekenreeks waarin we niet alleen zullen uitweiden over de in *De kunst van het geluk* geïntroduceerde onderwerpen, maar ook een veelomvattende benadering van het complexe onderwerp van menselijk geluk zullen geven. We beginnen dit tweede deel met de toepassing van de ideeën van de Dalai Lama om gelukkiger te worden op het werk. Toekomstige delen zullen uitvoerig ingaan op specifieke elementen zoals de werkomgeving, de vraag hoe we menselijke basiswaarden in de praktijk kunnen brengen en ethiek in de wereld van handel en commercie kunnen introduceren, en we bespreken leiderschap en geven aan hoe iedereen de kwaliteiten van een effectief leider kan ontwikkelen. We zullen ook dieper ingaan op hoe je ethische principes in je dagelijks leven kunt integreren en antwoord proberen te vinden op de vraag: 'Hoe kunnen we gelukkig blijven in het licht van de harde realiteit van de hedendaagse wereld?' In dat deel zullen we een aantal onvermijdelijke condities van het menselijk bestaan aanroeren, zoals ouder worden, ziekte en sterven, alsook enkele lastige problemen van de moderne wereld: geweld, racisme, armoede, de vernietiging van het milieu. We zullen onderzoeken hoe we moedig en hoopvol door het leven kunnen gaan, zonder angst te voelen. Het laatste deel in de reeks vormt het ontbrekende stukje in de puzzel en toont dat ongelukkig-zijn uiteindelijk wordt veroorzaakt door de kloof tussen schijn en werkelijkheid, de kloof tussen hoe wij dingen waarnemen en hoe dingen werkelijk zijn. We zullen de wortels van onze destructieve emoties, de geestestoestanden die ons lijden veroorzaken en ons geluk belemmeren, herleiden tot foutieve denkwijzen, de wijze waarop we onszelf, anderen en de wereld om ons heen waarnemen. In ons laatste boek richten we daarmee de aandacht opnieuw op onze innerlijke wereld, waarbij de Dalai Lama de in de eerdere delen gepresenteerde concepten met elkaar verweeft en een gestructureerd programma voor innerlijke ontwikkeling geeft.

Maar nu, aan het werk...

1
WERKEN AAN ONVREDE

De Dalai Lama had een lange dag achter de rug. Toen hij 's ochtends om halfacht zijn karige ontbijt van thee met *tsampa** had genuttigd, was hij al vier uur uit bed om zijn strenge dagschema van gebed, studie en meditatie af te werken. Na het ontbijt begon zijn gewone werkdag, en die dag stond zijn agenda boordevol met afspraken. Hij had achtereenvolgens besprekingen met een contactpersoon van de Indiase regering, de hoofdlama van een van de oude overleveringslijnen van het Tibetaanse boeddhisme, de president van een Russische republiek, een hoge functionaris in de Tibetaanse regering-in-ballingschap en diverse stafleden van zijn privé-kantoor. En tussen de afspraken door keek ik met bewondering toe terwijl hij een groep pas gearriveerde Tibetaanse vluchtelingen ontving. Velen van hen hadden de barre tocht over de Himalaya te voet

* Tsampa is het traditionele hoofdvoedsel van de Tibetanen. Het wordt bereid van geroosterd gerstemeel en gegeten als tamelijk droog deeg vermengd met jakboter en thee.

afgelegd en kwamen berooid aan – hun traditionele *chuba* gescheurd en stoffig van de reis, en hun geest gebroken door onnoemlijk veel jaren lijden onder de communisten. Eén glimp van de Dalai Lama was echter voldoende om hun geest te doen opbloeien en hen met hoop en vreugde te vervullen. Hij sprak hoopvolle en bemoedigende woorden, maar gaf hun ook praktisch advies, variërend van 'Onderwijs is van levensbelang voor jullie succes...' tot 'En jullie mannen kunnen beter niet met prostituees meegaan – jullie zouden een ziekte kunnen oplopen.'

Om twee uur 's middags stond eindelijk zijn laatste afspraak voor die dag op het programma. Mijn afspraak! Er was elke middag een paar uur uitgetrokken om samen aan ons boek te werken, en in die uren maakte ik het hem vaak moeilijk met onze worsteling om Oost met West met elkaar te verzoenen. Ik viel hem lastig met een eindeloze stroom vragen, waarvan hij er een behoorlijk aantal zo mal en zo onmogelijk te beantwoorden vond dat we er continu grapjes over maakten, hoewel het zelfs zijn legendarische geduld op de proef stelde.

Staand voor zijn met bougainville begroeide veranda, met de majestueuze, besneeuwde toppen van het Noord-Indiase Dhaludargebergte als achtergrond, werd ik vriendelijk begroet door de Dalai Lama, die me naar binnen leidde. Er was weinig veranderd in de kamer sinds onze eerste ontmoeting, twintig jaar geleden. De lichtgele muren waren nog altijd behangen met dezelfde Tibetaanse schilderingen (*thanka's*); aan de ene kant van het vertrek stond nog dezelfde boeddhistische schrijn met de sierlijke boeddhistische iconen, en de tegenoverliggende muur werd nog steeds van vloer tot plafond bedekt door dezelfde reliëfkaart van Tibet. Zelfs het bescheiden meubilair leek hetzelfde te zijn, hoewel de bank mogelijk opnieuw bekleed was.

Terwijl ik mijn notitieboekjes voor de dag haalde en met mijn cassetterecorder klungelde, maakten we een ontspannen praatje over wat hij eerder die dag had gedaan. De Dalai Lama plande onze ontmoetingen meestal op het eind van de dag, zodat ik vaak de gelegenheid kreeg om de verzameling mensen die bij hem langskwam te observeren terwijl ik rondhing in de belendende ontvangkamer, waar ik wachtte tot ik aan de beurt was. Met name die dag werd ik getroffen door de diversiteit van de mensen die zijn tijd opeisen en hem om raad komen vragen – ze komen uit alle delen van de wereld om hem te bezoeken.

Ik dacht hieraan toen ik met onze sessie begon en zei: 'Weet u, het viel mij toevallig op hoeveel verschillende soorten mensen u komen opzoeken, mensen met verschillende beroepen, verschillende soorten werk. En ik dacht ook aan de vele verschillende activiteiten waarbij u betrokken bent. Ik wil mij deze week concentreren op het onderwerp werk...'

'Ja, prima.' De Dalai Lama knikte.

'En aangezien we het deze week gaan hebben over werk, vroeg ik mij af: wat beschouwt u als uw voornaamste werk?'

De Dalai Lama keek verwonderd. 'Hoe bedoel je?'

Zijn verwondering verwonderde mij. Het leek een simpele vraag.

'Nou,' legde ik uit, 'wanneer wij in het Westen iemand ontmoeten, vragen mensen vaak als eerste: "Wat doet u?", waarmee we dan specifiek bedoelen: "Wat voor soort werk doet u? Wat voor baan heeft u?" Dus als u volstrekte vreemden zou ontmoeten, mensen die u niet kennen of nog nooit van de Dalai Lama hebben gehoord, en zelfs niet weten wat uw monniksgewaad betekent... als u ze gewoon als mens zouden ontmoeten en ze zouden vragen: "Wat doet u voor de kost?", wat zou u dan tegen hen zeggen?'

Er viel een langdurige stilte waarin de Dalai Lama nadacht. Ten slotte verklaarde hij: 'Niets. Ik doe niets.'

Niets? Als reactie op mijn wezenloze blik, herhaalde hij: 'Als iemand mij die vraag opeens zou stellen, zou dat waarschijnlijk mijn antwoord zijn: "Niets".'

Niets? Daar trapte ik niet in. Hij werkte duidelijk net zo hard als iedereen die ik kende, zelfs harder. En hoe vermoeiend deze dag ook mocht zijn geweest, het was een eitje vergeleken bij het schema gedurende zijn regelmatige bezoeken aan het buitenland. Sterker nog, als niet-officieel lid van zijn kleine staf tijdens een lezingentournee door de Verenigde Staten in het voorgaande jaar, was ik getuige geweest van een opmerkelijk vertoon van onophoudelijke bedrijvigheid, toewijding en noeste arbeid: als staatsman had hij een ontmoeting gehad met president Bush, minister van Buitenlandse Zaken Powell en tal van hoge senatoren en congresleden. Als leraar, een gewijde boeddhistische monnik en voortreffelijke boeddhistische geleerde, gaf hij uitvoerige lezingen waarin hij de subtielste facetten van de boeddhistische filosofie uiteenzette. Als winnaar van de Nobelprijs voor de Vrede en onvermoeibaar voorvechter voor wereldvrede en mensenrechten, gaf hij openbare toespraken voor tienduizenden, honderdduizenden mensen. Als religieus leider die de dialoog tussen geloven wil bevorderen, had hij besprekingen met prominente figuren van allerlei godsdiensten: priesters, rabbi's en swami's – zelfs het hoofd van de Kerk van Jezus Christus van de Heiligen der Laatste Dagen. Hij ontmoette wetenschappers, geleerden, entertainers, de bekenden en onbekenden der aarde. En op elke plaats die hij bezocht, ontving hij de lokale Tibetaanse vluchtelingen, die met veel moeite poogden een succesvol leven voor zichzelf op te bouwen in hun nieuwe land. Hij werkte van 's ochtends vroeg tot 's avonds laat en reisde zo snel van stad naar stad dat de ene plaats met de andere leek samen te smelten. En toch had hij zelf geen enkel verzoek ingediend voor ontmoetingen of evenementen – het betrof allemaal uitnodigingen door anderen. Wat nog opmerkelijker was: hoe zwaar zijn schema ook werd, hij scheen zijn werk moeiteloos uit te voeren. Hij had er plezier in.

Hij deed niets? Bij lange na niet.

'Nee, echt,' hield ik aan. 'Wat als iemand aandrong en het u opnieuw zou vragen?'

'Nou,' zei hij lachend, 'in dat geval zou ik waarschijnlijk zeggen: "Ik zorg gewoon voor mezelf."' Omdat hij misschien mijn frustratie over dit nietszeggende antwoord opmerkte, glimlachte hij en vervolgde: 'Wellicht is dit antwoord niet helemaal serieus. Maar als je erover nadenkt, is het eigenlijk waar. Alle zes miljard mensen op de wereld zorgen alleen voor zichzelf. Niet?* Dus of je nu een professional bent, of wat voor werk je ook doet, ieder van ons is van de geboorte tot de dood alleen bezig voor zichzelf te zorgen. Dat is onze belangrijkste taak.'

Mijn pogingen hem vast te pinnen op zijn taakomschrijving, liepen in rap tempo op de klippen. En dit was niet de eerste keer dat ik iets had gemerkt van zijn natuurlijke weerzin om zijn rol in de wereld te bespreken. Hij vindt zichzelf niet zo belangrijk. Ik besloot de vraag over zijn werk voorlopig te laten rusten en mij te richten op het algemene vraagstuk.

* Als de Dalai Lama in het Engels spreekt, gebruikt hij soms de uitdrukking Isn't it? ('Niet?') in de betekenis van 'Vind je ook niet?' of 'Denk je ook niet?'.

'Om voor jezelf te kunnen zorgen hebben de meeste mensen een baan nodig. Ik heb u in het verleden meermaals horen zeggen dat geluk de zin van het leven is.'

'Dat klopt,' beaamde hij.

'Dus moeten we een manier vinden om zowel thuis als op het werk gelukkig te zijn, maar dat is niet altijd gemakkelijk. Ik zal u een voorbeeld geven van een vriendin van mij. Kort na de publicatie van *De kunst van het geluk* gaf ik haar een exemplaar van het boek. Ze vertelde mij dat ze het op haar nachttafeltje had gelegd en er elke avond voor het slapengaan een stukje uit las. Ze werd enorm geïnspireerd door uw woorden en zei dat ze tijdens het lezen ervan het gevoel kreeg dat het echt mogelijk was gelukkig te zijn. Maar toen vertelde ze mij: "Wanneer ik ga slapen, denk ik: als ik mijn best doe, is geluk binnen mijn bereik, het ware geluk ligt daarbuiten op mij te wachten. Maar dan moet ik de volgende dag om vijf uur 's ochtends opstaan en een uur rijden om op mijn werk te komen. En zodra ik het kantoor binnenstap, verandert alles – ik moet omgaan met de werkdruk, de eisen die aan mij worden gesteld, mijn baas is een kwal, en ik kan mijn collega's niet uitstaan. En opeens lijkt het idee van geluk weg te glippen. Het gaat in rook op. Het is zo hectisch op mijn werk dat ik niet eens de kans krijg op adem te komen, laat staan te denken aan innerlijke ontwikkeling of het trainen van mijn geest. En het bedrijf waarvoor ik werk, geeft natuurlijk geen bal om mijn geluk. Maar ik moet werken. Ik heb het geld nodig. Ik kan niet zomaar ontslag nemen en verwachten dat ik een nieuwe baan krijg. Dus hoe kan ik gelukkig worden op mijn werk?"'

'En mijn vriendin is natuurlijk niet de enige,' ging ik verder. 'In veel landen over heel de wereld lijkt er op het werk algehele onvrede te heersen. Onlangs las ik zelfs een enquête waaruit bleek dat bijna de helft van de Amerikaanse werknemers ontevreden is op het werk, ongelukkig is met hun baan. Sommige experts die ik heb gesproken, zeggen dat dat percentage in werkelijkheid misschien nog hoger ligt. En het lijkt erger te worden. Volgens de Conference Board, het onderzoeksinstituut voor het Amerikaanse bedrijfsleven dat de enquête uitvoerde, toonde dezelfde enquête aan dat in de afgelopen vijf tot zes jaar het percentage mensen dat tevreden is met hun baan met zo'n acht procent is gedaald.'

De Dalai Lama leek verbaasd. 'Hoe komt dat?' vroeg hij.

'Volgens de onderzoeken die ik heb gelezen, kan dat uiteenlopende redenen hebben, variërend van onvoldoende salaris of simpelweg verveling tot ingewikkelder factoren die gerelateerd zijn aan de specifieke aard van het werk of de werkomstandigheden. Er zijn allerlei oorzaken waarom iemand zich ellendig kan voelen op zijn werk, zoals een slechte werksfeer, gebrek aan erkenning en niet genoeg afwisseling.

Eigenlijk zou ik graag uw mening willen horen over al deze factoren. Maar laat mij u een voorbeeld geven. Een paar dagen voordat ik vertrok naar Dharamsala, had ik een etentje met een paar vrienden die allebei voor grote maatschappijen in de software-industrie werken. Ze zaten tijdens het diner de hele tijd te klagen over hun werk. Ook al werkten ze voor verschillende bedrijven, ze zeiden allebei het gevoel te hebben geen controle te kunnen uitoefenen over wat ze elke dag deden. Ze hadden geen gevoel van zelfstandigheid, niet de vrijheid om hun werk op hun eigen manier te doen. Ze klaagden allebei dat ze niet genoeg informatie en instructies van hun baas kregen, en als ze eenmaal een duidelijke taak of opdracht hadden gekregen, wilden ze de opdracht op hun eigen manier uitvoeren. Maar dan stond de chef weer in hun nek te hijgen en gaf hun geen ruimte voor creativiteit of persoonlijk initiatief. Ze stoorden zich aan het feit dat ze geen enkele zeggenschap hadden over het soort werk dat ze moeten doen en zelfs niet over de wijze waarop ze het doen.'

'Dus heeft u enig idee hoe iemand zijn gevoel van zelfstandigheid of vrijheid op het werk zou kunnen vergroten?'

'Ik weet het niet,' zei de Dalai Lama peinzend. 'Zoiets hangt natuurlijk volledig af van de individuele omstandigheden van de desbetreffende persoon, in welke positie hij of zij verkeert.'

'Maar u heeft geen algemene suggesties?'

'Laten we het voorbeeld nemen van een gevangene. Het is natuurlijk beter om niet in de gevangenis te zitten, maar zelfs in die situatie, waarin iemand van zijn of haar vrijheid is beroofd, kan de gevangene ontdekken dat hij of zij kleine keuzes kan maken. En zelfs als iemand in de gevangenis zit, met zeer strenge regels, kan hij of zij spirituele oefeningen doen om te proberen de geestelijke frustraties te verminderen, om tot enige gemoedsrust te komen. Op die manier werkt de betreffende persoon aan zijn innerlijke ontwikkeling. Ik heb zelfs gehoord dat er hier in India een project is dat gevangenen leert mediteren.'

'Als mensen dat kunnen in de extreme omstandigheden van een gevangenis, kunnen mensen op de werkvloer eveneens proberen dingetjes te ontdekken, kleine keuzes te maken in hoe ze hun werk willen doen. Natuurlijk heb je mensen die aan een lopende band werken waarbij ze de wijze waarop ze hun taken verrichten nauwelijks kunnen variëren, maar ze kunnen nog altijd andere soorten keuzes maken met betrekking tot hun houding, hoe ze met hun collega's omgaan, of ze bepaalde innerlijke kwaliteiten of spirituele vermogens aanwenden om hun houding op het werk te veranderen, ook al is het zwaar werk. Niet? Mogelijk kan dat helpen.'

'Maar als je het hebt over starre regels, en gebrek aan vrijheid, betekent dat natuurlijk nog niet dat je alles wat anderen je opdragen blindelings hoeft op te volgen en te accepteren. In situaties waarin de werknemer wordt uitgebuit, waar de werkgever alleen maar denkt aan winst, een hongerloontje betaalt en eist dat zijn werknemers veel overuren maken, of een situatie waarin je wordt gevraagd dingen te doen die niet juist of onethisch zijn, moet je niet simpelweg denken: *nou ja, dit is mijn karma*, en geen actie ondernemen. In zulke gevallen volstaat het niet te denken: *ik moet gewoon tevreden zijn.*'

'Als er sprake is van onrechtvaardigheid, denk ik dat geen actie ondernemen het verkeerde antwoord is. De boeddhistische teksten maken melding van wat "misplaatste tolerantie" of "misplaatste verdraagzaamheid" wordt genoemd. Bijvoorbeeld, in het geval van Tibetanen die onrecht wordt aangedaan door China, verwijst misplaatst geduld of tolerantie over het algemeen naar het gevoel van lijdzaamheid dat sommige mensen ervaren wanneer ze zich overgeven aan (of onderworpen zijn aan) een zeer destructieve, negatieve activiteit. Dat is misplaatste verdraagzaamheid en lijdzaamheid. Hetzelfde geldt op het werk. Als er sprake is van een grote onrechtvaardigheid en uitbuiting, is het passief tolereren ervan de verkeerde reactie. De juiste reactie is om je er actief tegen te verzetten, te proberen dat klimaat te veranderen in plaats van het te accepteren. Je dient enige actie te ondernemen.'

'Wat voor actie?' vroeg ik.

'Dat hangt uiteraard opnieuw van de situatie af,' zei de Dalai Lama redelijkerwijs. 'Maar misschien zou je kunnen gaan praten met de werkgever, met het management, om te proberen een verandering tot stand te brengen.'

'En als dat niet werkt?'

'Dan kom je in opstand! Op de barricade!' Hij lachte. 'Dat zeg ik meestal. Je moet actief verzet bieden tegen uitbuiting. En in sommige gevallen moet je misschien gewoon ontslag nemen en ander werk gaan zoeken.'

'In de hedendaagse wereld komt uitbuiting zeker voor,' beaamde ik. 'Maar in een heleboel gevallen is het geen zaak van grootschalige exploitatie. Het kan voorkomen dat een baan gewoon erg veel van je eist. Bijvoorbeeld, bij een kwakkelende economie moeten bedrijven bezuinigen en werknemers ontslaan. De overgebleven werknemers moeten vervolgens steeds meer verantwoordelijkheid op zich nemen. Het werk wordt veel zwaarder voor degenen die niet zijn ontslagen. Heeft u suggesties over hoe we beter kunnen omgaan met dat soort situaties, met die stress of hoge werkdruk?'

'Hoe iemand daar psychisch en emotioneel op reageert zal natuurlijk van persoon tot persoon verschillen, en dat hangt ook af van de aard van het werk en de aard van het bedrijf. Je moet dus rekening houden met tal van factoren. Als je je werk bijvoorbeeld beschouwt als iets wat echt waardevol is, als je werk bijvoorbeeld een hoger doel dient, dan bestaat er, ook al is het heel zwaar werk, wellicht een grotere bereidheid om die ontbering te doorstaan. Onder zulke omstandigheden zou je kunnen denken: *O, hier krijg ik de kans om iets goeds te doen voor de samenleving.* Het hangt dus van de situatie af.'

'Maar zo'n situatie of houding is misschien niet van toepassing op iedereen,' merkte ik op. 'Daarom vraag ik mij af of er een soort algemene benadering is om met overbelasting om te gaan, wat feitelijk een van de andere veelvoorkomende bronnen is van onvrede op het werk.'

'Wat bedoel je met "overbelasting"?' vroeg de Dalai Lama. De oprechte nieuwsgierigheid in zijn stem deed vermoeden dat hij er nog nooit van had gehoord.

'Nou, u weet wel,' stamelde ik, zoekend naar woorden, 'als je te veel belast wordt door je werk en het stress gaat veroorzaken.'

'Ik weet nog steeds niet wat je met de term "overbelasting" bedoelt. Jouw baas kan je bijvoorbeeld een opdracht geven die je waarschijnlijk binnen een bepaalde tijd kunt afmaken, maar dat is geen overbelasting want het is iets wat je voor elkaar kunt krijgen, ook al is het moeilijk. Of ze kunnen je zoveel werk geven dat je het onmogelijk op tijd kunt afmaken. In dat geval moet je gewoon zeggen: "Dit kan ik niet." Dus wat bedoel je?'

Hij begreep het niet. Maar ik snapte niet waarom hij het niet begreep. Het concept 'overbelasting' is geen obscuur Amerikaans gebruik, het is zelfs niet uniek voor de westerse cultuur. De Japanners hadden immers het wootd *karoshi* – dood door overwerk – verzonnen. Ik besloot het binnen zijn kader te plaatsen. 'Nou, laten we zeggen dat u een jonge monnik bent en u het boeddhisme bestudeert en beoefent. Uw leraar is in dat geval uw baas.'

'Oké, goed,' hij knikte, 'ik begrijp het.'

'En het is uw taak om bepaalde teksten uit het hoofd te leren. Stel dat uw baas u een tekst geeft die u de volgende week uit uw hoofd moet kennen. Het is een heel moeilijke tekst. Als u hard werkt, kunt u de tekst volgende week misschien uit uw hoofd opzeggen, maar dat wordt erg lastig. Vervolgens komt uw leraar een paar uur later terug en zegt: "Naast de tekst die ik al gegeven heb, moet je in dezelfde tijd nog een tekst uit je hoofd leren." En hij is uw baas – u kunt niet zomaar zeggen: ik stop ermee, ik wil geen monnik meer worden. In deze context betekent overbelasting dat u steeds meer te doen krijgt, maar niet genoeg tijd heeft om het te doen.'

'O, ik denk dat ik het nu begrijp. Toen ik rond de twintig was, moest ik in Tibet belangrijk onderricht geven en ter voorbereiding moest ik 's ochtends vroeg en 's avonds laat huiswerk maken. Ik moest toen heel vroeg opstaan voordat mijn begeleiders arriveerden en zelfs nadat mijn begeleiders waren vertrokken, moest ik nog tot laat in de avond teksten lezen en uit mijn hoofd leren. Dus ik stond een paar uur eerder op en ging een paar uur later naar bed. Dat bedoel je met overbelasting?'

'Precies.'

'Maar dat kon ik met extra aandacht en energie wel voor elkaar boksen. Dat ging wel op de korte termijn. Maar als ik het voortdurend zou moeten doen... als ik lange tijd maar zo kort zou kunnen slapen en het hele jaar zo overbelast zou worden, dan zou ik het onmogelijk kunnen volhouden.'

'Maar dat is iets waarmee veel mensen tegenwoordig worden geconfronteerd,' vertelde ik hem.

'Waarom kunnen die mensen niet vanaf het begin zeggen: "Dit kan ik niet"?' vroeg hij. 'Of worden ze dan ontslagen?'

'Vaak wel, ja.'

'In dat geval denk ik dat het erop aankomt je eigen beperkingen te kennen. En als een baas meer werk opgeeft, en het ligt buiten je vermogen, denk ik dat je je stem moet verheffen. Je moet zeggen: "Dit is te veel werk voor mij", en in overleg met je baas proberen je werklast te verminderen. Als dat niet lukt, moet je misschien ander werk gaan zoeken.'

'Echter, stel dat de baas ermee akkoord gaat om extra te betalen en de werknemer zegt ja, dan is dat de keuze van die persoon. Er is dan geen reden om te klagen over overbelasting. Als de baas iemand te veel werk geeft en geen loonsverhoging aanbiedt, dan is die "overbelasting" gewoon exploitatie, het soort uitbuiting waarover we zojuist spraken.'

'Maar ik denk dat de werkgever in dit soort situaties de verantwoordelijkheid heeft om te beoordelen hoeveel iemand redelijkerwijs kan doen. Een te hoge werklast is domweg een gebrek aan betrokkenheid, gebrek aan respect, van de kant van de werkgever. Zelfs het overbelasten van een dier getuigt van respectloosheid jegens die levensvorm – dat is exploitatie, het is oneerlijk.'

'Ik ben blij dat u het woord "oneerlijk" laat vallen, want dat is eigenlijk nog een bron van onvrede op het werk. Sterker nog, ik denk dat we het hier hebben over een aantal van de meest voorkomende oorzaken van onvrede op de werkvloer.'

'Tegenwoordig is men op het werk meestal alleen gericht op productie, productiviteit – produceren, produceren en nog eens produceren. Nu meer bedrijven aandacht besteden aan het creëren van een menselijke werksfeer, komt daar misschien langzaam verandering in, maar in veel gevallen geeft de organisatie geen zier om het persoonlijk welzijn van haar werknemers of de innerlijke toestand of tevredenheid van de arbeiders – het enige wat hen interesseert is het eindresultaat, het behalen van nog meer winst, het hoog houden van de aandelenkoersen. En in die sfeer ontstaan de voorwaarden voor allerlei vormen van onrechtvaardigheid, oneerlijkheid, stress voor de werknemers en ga zo maar door. Dus, als we hiervan uitgaan, hoe kunnen we dan een gevoel van kalmte en innerlijke voldoening bewaren in een omgeving die alleen gericht is op productie en winst?'

De Dalai Lama lachte. 'Howard, je stelt soms zulke onmogelijke vragen. Je kunt net zo goed vragen: "Hoe kunnen hellewezens geduld, tolerantie en kalmte leren beoefenen?"'

'Er zijn niet altijd eenvoudige antwoorden voorhanden. In de moderne maatschappij vind je veel voorbeelden van onrechtvaardigheid, zoals corrupte leiders die baantjes of promoties geven aan familieleden in plaats van dat die keuze gebaseerd is op verdienste. Zulke dingen kom je overal tegen. In zo'n situatie is het lastig een gevoel van tevredenheid te ontwikkelen. Hoe gaan we met dit soort dingen om? Dat is een probleem. Zoals in het geval van Tibet: wij zijn eerlijk, wij zijn niet anti-Chinees, maar de Chinezen beschuldigen ons valselijk van allerlei dingen en spelen de baas in Tibet. Volgens de wet zit China fout, wij goed, en toch lijden wij. We zijn verslagen. Onder zulke omstandigheden is het ontzettend moeilijk om enig gevoel van voldoening of gemoedsrust te ontwikkelen.

Miljoenen mensen lijden onder verschillende vormen van onrechtvaardigheid, niet? We moeten vechten tegen onrechtvaardigheid maar tegelijkertijd manieren vinden om er innerlijk mee om te gaan, manieren om onze geest te trainen, om kalm te blijven en niet gefrustreerd, haatdragend of wanhopig te worden. Dat is de enige oplossing. Ons geloof, een geloof hetzij in karma, hetzij in God, kan ons helpen, maar we kunnen ook onze menselijke intelligentie gebruiken om de situatie te analyseren en deze vanuit een ander perspectief te bekijken. Dat helpt ook,' zei hij met overtuiging.

Refererend aan onze talrijke gesprekken in de loop der jaren, zei ik: 'In het verleden hebben we vaak gesproken over het trainen van de geest als de sleutel tot geluk, en dat je je geest onder andere kunt trainen met gebruikmaking van je menselijke intelligentie, dat je je zienswijze en houding kunt veranderen met analytisch en logisch nadenken. En dat is een proces dat u analytische meditatie heeft genoemd.'

'Dat klopt,' zei de Dalai Lama.

'Zou u mij een specifiek voorbeeld kunnen geven van hoe dit proces werkt? Laten we zeggen dat we streven naar promotie op het werk, en we krijgen geen promotie. We zijn daardoor enorm aangeslagen. We hebben het gevoel dat het oneerlijk is, of we zijn jaloers op degene die de promotie heeft gekregen. Hoe gaan we daarmee om?'

'Je begint met een bewuste analyse van de vraag of reageren met emoties als woede of jaloezie je op de lange termijn voordeel oplevert of juist schaadt. We moeten diep nadenken over de vraag of een dergelijke reactie leidt tot een gelukkige, vredige geestestoestand, of dat we door zo'n reactie en zulke emoties alleen maar ongelukkiger worden. En we moeten dat relateren aan onze eigen ervaringen in het verleden en nadenken over het effect van zulke emoties op onze fysieke gezondheid, alsmede op onze geestestoestand. Denk aan momenten in het verleden waarop je een intense haat of jaloezie voelde en probeer te ontdekken of dat je leven gelukkiger maakte of hielp om je doelen te verwezenlijken. Denk aan hoe anderen op je reageerden toen je zo ontzettend boos of jaloers was, en kijk of dat heeft geholpen je relaties te verbeteren. Denk daar dus net zolang over na tot je er volledig van overtuigd bent hoe schadelijk het voor jezelf is om constant op situaties te reageren met vijandigheid, of jaloezie, en hoe heilzaam positieve emoties, zoals tolerantie of tevredenheid, kunnen zijn.'

'Oké, stel dat ik ervan overtuigd ben dat het schadelijk is. Wat dan?'

'Goed, dus je wilt een nieuwe baan of promotie, en je hebt de juiste papieren, en je bent er geschikt voor, maar je krijgt hem niet. Dan denk je eerst: *ja maar, ik heb die baan verdiend,* maar als je hem niet hebt gekregen kun je op verschillende manieren reageren. Je kunt haatdragend en boos worden, maar dan kun je jezelf eraan herinneren hoe destructief zo'n geestestoestand kan zijn. Die overtuiging alleen al zorgt ervoor dat je meer op je hoede bent voor zulke emoties, en dat kan je wellicht enigszins tot bedaren brengen. Blijf dus niet denken aan de baan die je niet hebt gekregen. Er zullen altijd betere banen zijn die je niet hebt gekregen. Houd niet vast aan het gevoel van jaloezie of dat je beter moet zijn dan anderen. Dat leidt alleen maar tot meer zorgen, meer ontevredenheid.'

'Maar je hebt nog altijd een methode nodig om je geest enigszins tot rust te brengen. Op dat punt dienen we gebruik te maken van ons vermogen om kritisch na te denken, de situatie te analyseren. Je begint door je te realiseren dat geen enkele situatie 100 procent goed of 100 procent slecht is. Het is mij opgevallen dat, met name in het Westen, mensen soms geneigd zijn zwart-wit te denken. Maar in werkelijkheid is alles in het leven relatief. Dus uitgaande van die realiteit, kun je de situatie in een breder perspectief plaatsen en verschillende invalshoeken proberen te zien. Daarna ga je verder met je analyse. Je komt tot het besef dat een betere baan en meer geld niet betekent dat je problemen als sneeuw voor de zon verdwijnen. Sommige banen worden misschien beter betaald, maar dat prijskaartje hangt er niet voor niets. Misschien moet je meer uren maken of krijg je meer verantwoordelijkheid – wie weet is het gevaarlijk werk en loop je de kans gewond te raken of kom je allerlei andere problemen tegen. Als je goed kijkt naar mensen in een hogere positie, zul je misschien ontdekken dat er meer van je wordt geëist, dat je meer concurrentie, of meer jaloerse collega's krijgt. Je zou er weleens achter kunnen komen dat je huidige werk dan wel minder betaalt, maar in sommige opzichten veel gemakkelijker is, of in sommige gevallen zelfs minder gevaarlijk. En zo blijf je nadenken over de realiteit, en je denkt: *zie je wel, ik heb weer eens pech, ik verdien die betere baan*, maar omdat dat niet is gebeurd, kun je je beter niet blindstaren op het mislopen van die betere baan, maar een breder perspectief ontwikkelen en het van een andere kant bekijken, zodat je kunt denken: *nou ja, dit betaalt misschien minder en het is geen wereldbaan, maar omdat ik met dit werk genoeg kan verdienen, een bedrag dat toereikend is om mijn gezin te onderhouden en in leven te blijven, ben ik gelukkig, het is goed zo.* Als we op die manier denken, kunnen we een gevoel van tevredenheid ontwikkelen, ook al gaan de dingen niet zoals wij willen.'

De Dalai Lama pauzeerde en nam een slokje thee. 'Dus,' vervolgde hij, 'ik denk dat het door eigen inspanning, door een breder perspectief te ontwikkelen, mogelijk is om meer tevredenheid te voelen betreffende ons werk.'

'Maar de onvrede van mensen over hun werk is zo wijdverspreid,' zei ik mijmerend. 'Heeft u nog iets wat u hieraan zou willen toevoegen, andere manieren waarop we tegen dingen kunnen aankijken om...'

'O, absoluut,' antwoordde hij meteen. 'Je kunt bijvoorbeeld ook een gevoel van tevredenheid opbouwen door simpelweg te denken hoe gelukkig je wel niet bent dat je werk hebt, dat er veel mensen zijn die geen werk kunnen krijgen. Je kunt denken aan andere goede dingen in je leven en dat je het nog altijd beter hebt dan vele anderen. Dat blijft de realiteit. Soms vergeten we dat. We raken verwend. In Amerika is er bijvoorbeeld veel werkgelegenheid. Er heerst ook een grote mate van vrijheid en je kunt iets bereiken door persoonlijk initiatief te tonen. Je kunt vooruitkomen door zelf iets te ondernemen. Maar tegelijkertijd zijn veel mensen ontevreden met hun werk. In andere landen en delen van de wereld, zoals India en China, is er minder werkgelegenheid. Onder zulke omstandigheden kunnen veel mensen geen baan vinden. Maar ik heb gemerkt dat ze daar veel meer voldoening vinden in hun werk en zich er ook meer op toeleggen. Op dezelfde manier kun je nadenken over hoe moeilijk vorige generaties het hebben gehad, want die hebben wereldoorlogen moeten meemaken enzovoort. Soms vergeten we dit soort dingen, maar als we hierover nadenken kan het ons gevoel van dankbaarheid en tevredenheid vergroten.'

'U heeft natuurlijk gelijk,' gaf ik toe. 'Ik heb ook veel landen bezocht, en ik heb hier in India koelies en dragers gezien, of rondtrekkende landarbeiders, arme mensen die door heel Azië in de rijstvelden werken, of eenzame nomaden in uw eigen land, en veel van die mensen lijken echt gelukkig en tevreden. Daar bestaat geen twijfel over. En ik moet toegeven dat we verwend kunnen raken. Maar mijn land, Amerika, werd opgebouwd door persoonlijk initiatief. Kunnen we niet beter streven naar vooruitgang in plaats van tevreden zijn?'

'Ja, Howard, maar je moet tevredenheid niet verwarren met zelfgenoegzaamheid. Als je tevreden bent met je werk, moet je dat niet opvatten als een soort onverschilligheid – dat je niet wilt groeien, niet wilt leren, niets aan je situatie wilt veranderen, ook al is die slecht, en niet eens de moeite wilt nemen om vooruit te komen, te studeren en iets beters te bereiken. Als we een slechte baan hebben, mogelijk ongeschoolde arbeid, maar over vaardigheden en diploma's beschikken om beter werk te krijgen, moeten we vanzelfsprekend ons uiterste best doen om beter werk te krijgen. We moeten het op z'n minst proberen. Maar als dat mislukt, raak dan niet gefrustreerd, word niet kwaad en denk niet: *ik heb het geprobeerd, maar het lag niet in mijn vermogen* – denk gewoon: *oké, ik ga verder met het werk dat ik nu doe.* Wees tevreden met het werk dat je hebt. Dus als je faalt, is dat het moment waarop je houding en beoefening van tevredenheid kan bepalen of woede, haat en frustratie de overhand krijgen of dat je geest vrij kalm en gelukkig blijft. Hier komt de training van de geest om de hoek kijken. Dit soort dingen, dit soort redeneringen, kan je frustratie en de verstoring van je geest opheffen. Dus ja, tevredenheid. Dat is het voornaamste.'

Terwijl hij sprak, bedacht ik hoe moeilijk het voor veel mensen zou zijn om deze manier van redeneren over te nemen, om hun woede, haat en jaloezie te verdrijven. Ik realiseerde mij dat dat de reden was waarom hij zo vaak benadrukte dat het niet eenvoudig is om je geest te trainen en je gedrag te veranderen, dat het herhaalde inspanning vergt. En dat het tijd vergt. Dit soort 'analytische meditatie' werkt alleen als je diep nadenkt over de alternatieve wijzen waarop je je situatie kunt bezien. Je moet volledig overtuigd zijn van de absolute waarheid van dit nieuwe perspectief. Anders bestaat het gevaar dat je dit soort redeneringen louter gebruikt als onwaarachtige rationalisaties. Een kwestie van zure druiven. We gaan dus voor die promotie, maar die gaat aan onze neus voorbij. En we hebben echt geaasd op die promotie – nog afgezien van het hogere loon, zegt elke vezel in ons lijf: hoe belangrijker je baan, hoe gelukkiger je bent. Hoe kunnen we onszelf er afdoende van overtuigen dat de belangrijkere baan ons niet per se gelukkiger hoeft te maken? Door naar de bewijzen te kijken. Door na te gaan of wij permanent gelukkiger zijn geworden na de laatste promotie die we hebben gekregen. Of we kunnen in onze kennissenkring kijken of de mensen met een hogere positie werkelijk gelukkiger zijn dan de mensen met een lagere positie. Of we kunnen naar het wetenschappelijk bewijs kijken. Zo heeft dr. Robert Rice, een productief wetenschapper op het gebied van arbeidsvreugde, in dienst van de staatsuniversiteit van Buffalo samen met zijn collega's een verrassend onderzoek verricht. In tegenstelling tot wat je zou verwachten, ontdekten ze dat mensen met een belangrijkere baan niet gelukkiger zijn in het leven dan mensen met een minder belangrijke baan. Een aantal vergelijkbare grootschalige onderzoeken leidde tot dezelfde bevinding en toonde aan dat hoewel arbeidsvreugde verbonden is met levensvreugde, het soort werk dat je verricht – hetzij in een fabriek of op een kantoor – of de prestige van je beroep weinig invloed heeft op je totale levensvreugde.

Er is nog een reden waarom het soms zo'n langdurig en moeilijk proces is om onze gedragingen en zienswijze opnieuw vorm te geven, om verandering te brengen in de gebruikelijke manier waarop we de wereld waarnemen, in de wijze waarop we normaal gesproken elke situatie of gebeurtenis interpreteren of beoordelen. Wat is de reden? Als puntje bij paaltje komt, willen velen van ons hun ellende niet opgeven, iets wat ik in het verleden vaak heb gemerkt toen ik patiënten met psychotherapie behandelde. Hoe ellendig iemand zich ook voelt, veel mensen beleven een pervers genot aan de zelfvoldane verontwaardiging die ze voelen wanneer ze oneerlijk worden behandeld. We houden onze pijn vast, het gaat deel uitmaken van onszelf en we willen het daardoor liever niet loslaten. Onze karakteristieke manier om naar de wereld te kijken, is immers vertrouwd. Het loslaten van onze gewoonlijke reacties, hoe destructief die ook mogen zijn, is misschien beangstigend – een angst die vaak diep in ons onderbewustzijn is gesleten. En daarenboven zijn er bijkomende voordelen als je vasthoudt aan je wrok, jaloezie en onvrede, aangezien ons voortdurende geklaag sympathie en begrip van anderen opwekt. Althans, dat denken we, dat hopen we. Soms werkt het – als vrienden of collega's hun eigen grieven beginnen te spuien en er een band ontstaat doordat we ons samen lekker kunnen beklagen over de onrechtvaardigheden in het leven en de zonden van onze werkgevers. Maar heel vaak worden onze klachten misschien beantwoord met uiterlijke sympathiebetuigingen, terwijl mensen die zelf met problemen kampen innerlijk hoogstwaarschijnlijk alleen maar ergernis voelen.

Denkend hoe moeilijk het is om onze zienswijze werkelijk te transformeren, en op nieuwe manieren te reageren in zulke lastige situaties, merkte ik op: 'Ik denk dat dit allemaal goede praktische suggesties zijn. Maar zelfs als het waar is, zal deze manier van redeneren misschien niet iedereen troost kunnen bieden.'

'Dat is waar,' gaf de Dalai Lama toe, 'maar mijn belangrijkste punt is: als je de mogelijkheid hebt om je werkomgeving te veranderen, heb je natuurlijk het recht om die poging te wagen. Maar je moet ook de fundamentele oorzaak van diverse problemen begrijpen. En daarmee komen we wederom op de realiteit dat alles met elkaar samenhangt. Als je dus bepaalde problemen ervaart op je werk, of je wordt ontslagen en hebt moeite een nieuwe baan te vinden, zijn er altijd vele factoren in het spel. Je ervaart dus onvrede. Je lijdt. Misschien ligt een wereldwijde economische recessie of liggen zelfs milieuproblemen ten grondslag aan het probleem. In zulke gevallen heeft het geen zin de dingen persoonlijk op te vatten en bij het bedrijf te klagen, of boos te worden op je baas. En die boosheid zou zelfs in haat kunnen veranderen, maar zelfs als je haat volledig escaleert, zelfs als je je baas uiteindelijk zou doden, zou dat geen enkel effect hebben op de situatie. Je lost er de grote problemen niet mee op. Zoiets gebeurt bijvoorbeeld ook in de Tibetaanse gemeenschap hier in India. Je hebt mensen die boos zijn op de Tibetaanse regering-in-ballingschap, je hebt mensen die altijd klagen. Als ze hun aandacht alleen richten op de dagelijkse activiteiten van de regering, zijn ze ontevreden, maar daarbij vergeten ze vaak dat de regering-in-ballingschap niet meer is dan dat: een regering in ballingschap. En vanuit die invalshoek is de fundamentele oorzaak van het probleem de Chinese invasie en bezetting van Tibet, waardoor wij gedwongen werden in ballingschap te gaan. Dat is de bron van het probleem. Dus als ze zich eenmaal richten op het echte probleem, creëert dat een gevoel van eenheid onder de Tibetanen, en dat leidt tot een gevoel van grotere tevredenheid, in plaats van de tweedracht en conflicten die ontstaan wanneer we de grote problemen uit het oog verliezen en onderling beginnen te kibbelen. Dus in plaats van alleen maar te klagen en te klagen, of boos te worden op een bepaalde werkgever, zou het – in zo'n situatie, waarin je je bewust bent van de grotere, meer fundamentele oorzaken van het probleem – beter zijn om je gedachten ergens anders op te richten. Denk aan de wereld, de wereldeconomie. Denk aan het milieu. Kijk naar de verschillende vormen van sociaal onrecht. Misschien kun je zelfs een kleine bijdrage leveren om de dingen op een of andere manier te verbeteren.'

'Maar,' onderbrak ik hem, 'we kunnen vaak erg weinig doen om iets aan die wijdverspreide problemen te veranderen.'

'Dat is waar,' zei de Dalai Lama krachtig. 'Je inspanningen leveren misschien weinig tot geen resultaat op. Er verandert misschien niet zoveel. Maar je geeft je tenminste niet over aan misplaatste woede en frustratie – je transformeert je mentale energie, je geeft er een positievere draai aan. Op grond van dat bredere perspectief kan je onderliggende motivatie veranderen en dat vergroot je enthousiasme om aan de slag te gaan en veranderingen tot stand te brengen die positief zijn voor de samenleving. Dat vergt natuurlijk tijd, maar als je in de tussentijd de werkomstandigheden, of de grotere krachten die hebben bijgedragen aan de werkomstandigheden, niet kunt veranderen, moet je wellicht je zienswijze veranderen of aanpassen. Anders blijf je ongelukkig in je werk en je leven.'

We waren aan het eind gekomen van onze bespreking die dag, en omdat ik dacht dat hij was uitgepraat, begon ik mijn aantekeningen bij elkaar te zoeken. Maar hij vervolgde zijn onsentimentele en heftige bespreking van de werkelijkheid:

'Luister. Er zullen altijd problemen zijn in het leven. Het is gewoon niet mogelijk om door het leven te gaan zonder problemen tegen te komen. Er is niets wat je voor de volle honderd procent tevreden stemt, niet? Er blijft altijd enige ontevredenheid. Hoe beter we dat feit kunnen accepteren, hoe beter we kunnen omgaan met teleurstellingen in het leven. Laten we het voorbeeld nemen van iemand die graag zoete dingen eet, maar niet van zure dingen houdt. Dan zal die persoon wel een bepaalde vrucht hebben die hij erg lekker vindt. Die vrucht kan voor het merendeel zoet zijn, maar er kan ook een klein beetje zuur in zitten. Toch blijft die persoon genieten van de vrucht. Hij stopt niet met eten omdat er een beetje zure smaak aan de vrucht zit. Als hij wil blijven genieten van die vrucht, moet hij het beetje zuur dat erin zit accepteren. Je kunt het zoet niet van het zuur scheiden in dat stuk fruit, het blijft altijd een mengeling. Zo is het ook met het leven. Zolang je leeft, zullen er goede dingen zijn in het leven, maar zullen er ook problemen zijn die je niet leuk vindt. Zo is het leven nu eenmaal.'

Het leven is dus geen lolletje. Dat leek een grimmige waarheid om onze bespreking mee af te sluiten. En alsof het perfect geënsceneerd was om die sombere toon te onderstrepen, klonk er op dat moment een donderslag en viel er een oorverdovende stortbui naar beneden, die onze woorden overstemde terwijl we afscheid namen. Een ogenblik later viel de elektriciteit uit, een bijna dagelijkse gebeurtenis tijdens dit seizoen in Dharamsala. De Dalai Lama bleef onverstoorbaar. Hij giechelde toen de elektriciteit uitging en zijn vriendelijke glimlach en vrolijke uitstraling tekenden zich scherp af tegen de verduisterde kamer en de ijskoude regen buiten. Hier stond duidelijk een gelukkig mens. Zijn hele houding getuigde van de mogelijkheid een gelukkig leven te leiden ondanks de onvermijdelijke problemen in het leven. Hij had zelf ook de nodige problemen achter de rug: hij verloor een heel land toen hij werd gedwongen in ballingschap te gaan als gevolg van de invasie door de Chinese communisten en de bezetting van Tibet. En hij bleef dagelijks met externe problemen worstelen (de strijd om zijn cultureel erfgoed te bewaren, de strijd voor de vrijheid van zijn volk, voor de rechten van alle mensen). En vaak zonder succes. Vanaf zesjarige leeftijd hield hij zich echter al bezig met het trainen van zijn geest en leerde hij hoe hij gelukkig kon blijven, ondanks de onvermijdbare problemen in het leven. Het lijkt vruchten te hebben afgeworpen.

Hij herinnert ons er dus aan dat als we op het werk een deel van de externe omstandigheden die medeverantwoordelijk zijn voor onze onvrede kunnen veranderen, we dat zeker moeten doen. Kan dat niet, dan is het nog steeds mogelijk gelukkig te zijn op het werk door onze reacties en zienswijze met behulp van innerlijke training opnieuw vorm te geven, hoewel dat niet altijd snel of gemakkelijk zal verlopen.

2
DE MENSELIJKE FACTOR

Bij de introductie van het onderwerp werk had ik de Dalai Lama verteld over een vriendin die de vraag had gesteld hoe je de kunst van het geluk op je werk kunt beoefenen. Toen ze die vraag stelde, vroeg ik haar mij precies te vertellen wat voor soort problemen ze tegenkwam.

'Weet ik niet,' zei ze, 'er is nu gewoon veel irritatie op het werk. En ik krijg de volle laag van twee kanten – van mijn baas en ook van mijn collega's. Mijn baas is te veeleisend. Hij verwacht van ons dat we na kantoortijd blijven werken, ook al krijgen we niet extra betaald voor overuren, en hij waardeert het niet eens. Hij is onbeschoft en onbeleefd. En sommigen van mijn collega's kan ik ook niet uitstaan. Het is zelfs zo erg geworden dat ik elke dag bijna met angst en beven naar mijn werk ga.'

Ik vroeg mijn vriendin of ze mij kon vertellen wat voor soort problemen ze ondervond met haar collega's, en ze stak van wal met een lang, gecompliceerd verhaal over interne verwikkelingen op kantoor. Omdat ik geen ervaring had in haar branche, kon ik me weinig voorstellen bij wat ze zei, maar voor zover ik het begreep, had het te maken met een vervelende, niet-sociale collega die iemands klant had afgepakt en een scheuring tussen de werknemers had veroorzaakt, waardoor er op de afdeling diverse facties ontstonden die zich bij elkaar aansloten en verschillende kampen vormden. Het klonk als een aflevering van de televisieserie *Expeditie Robinson.*

In vrijwel elk onderzoek naar arbeidsomstandigheden en de factoren die bijdragen tot de tevredenheid of ontevredenheid van de werknemer, speelt het sociale klimaat van de organisatie een prominente rol. Toonaangevende wetenschappers op het nieuwe gebied van positieve psychologie, zoals James Harter, Frank Schmidt en Corey Keyes, hebben, na de bestaande literatuur over welzijn op het werk opnieuw te hebben bestudeerd, ontdekt dat sociale interactie een belangrijk deel uitmaakt van arbeidsvreugde. Talrijke onderzoekers, waaronder socioloog Karen Loscocco, toen ze nog werkte aan de staatsuniversiteit van Albany, of Sheila Henderson, die onderzoek verricht voor de Stanford University, bevestigden dat de sociale sfeer een sleutelrol speelt bij het gevoel van tevredenheid van de werknemer. Naast meer voldoening op het werk, bleek 'werkgerelateerde sociale ondersteuning' ook een factor te zijn in het algehele welzijn van een persoon.

Het is daarom weinig verrassend dat we, in onze discussies over geluk op het werk, vroeg of laat het onderwerp van relaties op het werk, de menselijke factor, zouden aanroeren.

Toen we aan het eind van de volgende middag ons gesprek voortzetten, begon de Dalai Lama: 'Er zijn wellicht veel factoren of variabelen die invloed uitoefenen op de mate waarin werk bijdraagt aan geluk, en dat hangt af van individuele omstandigheden, iemands karakter enzovoort. Toch denk ik dat je, als we het hebben over werk en geluk, een paar algemene zaken in gedachten moet houden. Ik denk dat het belangrijk is niet te vergeten dat alle menselijke activiteiten, hetzij werk of een andere activiteit, er hoofdzakelijk op gericht zouden moeten zijn om het welzijn van mensen te vergroten. Welnu, wat zoeken we in ons werk? Wat is de zin van het werk? Net als bij alle andere menselijke activiteiten zoeken we een gevoel van voldoening, tevredenheid en geluk. Niet? En als we praten over menselijk geluk, komen daar natuurlijk menselijke emoties bij kijken. Dus we moeten er extra op letten dat we aandacht besteden aan de menselijke relaties op het werk, hoe we met elkaar omgaan, en proberen de menselijke basiswaarden hoog te houden, zelfs op het werk.'

'En met "menselijke basiswaarden" bedoelt u...'

'Gewoon menselijke goedheid. Wees een goed mens, een vriendelijk mens. Toon warmte en genegenheid in relaties met anderen. Wees eerlijk en oprecht. Wees mededogend.'

De Dalai Lama zweeg een tijdje, alsof hij diep nadacht over deze principes. Dat was opmerkelijk. Hij had al zijn hele leven gesproken over deze menselijke waarden, dezelfde ideeën keer op keer herhaald, en toch sprak hij er telkens weer over met een zekere frisheid, alsof hij deze concepten voor het eerst ontdekte. Hij leek veel behagen te scheppen in het spreken over menselijke waarden – ook al had hij er in het verleden al herhaaldelijk over gesproken. Dus vervolgde hij op enthousiaste en oprecht geïnteresseerde toon:

'Weet je, als je het hebt over menselijke waarden, mededogen enzovoort, is het volgens mij heel belangrijk om één ding te onthouden, namelijk dat het hier niet alleen gaat om religieuze onderwerpen. Mededogen is niet iets heiligs, noch worden woede en haat als profaan beschouwd, puur vanuit een religieus standpunt. Deze dingen zijn niet belangrijk omdat de een of andere religieuze tekst dat beweert, maar omdat ons ware geluk ervan afhangt. Deze geestestoestanden – mededogen, menselijke genegenheid – zijn duidelijk bevorderlijk voor onze fysieke gezondheid, onze geestelijke en emotionele gezondheid, al onze relaties thuis of op het werk. Het is zelfs cruciaal voor het uiteindelijke welzijn van de samenleving. Het gaat om ons eigen belang. Wanneer we mededogen ontwikkelen, hebben we daar eigenlijk allereerst zelf profijt van. Mensen zijn immers sociale dieren, we moeten samenwerken met anderen om te kunnen overleven. Hoe machtig één persoon ook moge zijn, zonder menselijke bondgenoten kan die persoon niet overleven. En zonder vrienden kan hij of zij zeker geen gelukkig en bevredigend leven leiden. Als je op het werk dus blijk geeft van een warm hart, menselijke genegenheid, zal je geest kalmer en vrediger zijn, wat je een bepaalde kracht verleent, en het zorgt er ook voor dat je mentale vermogens beter functioneren, evenals je oordeelskracht en vermogen om beslissingen te nemen enzovoort.'

Een bediende in een kastanjebruin gewaad gleed stilletjes de kamer binnen en schonk wat thee in.

'In wezen zijn wij allemaal mensen,' vervolgde de Dalai Lama. 'We hebben allemaal de capaciteit om hartelijk, met genegenheid, op vriendschappelijke wijze met elkaar om te gaan. Als we het dus hebben over geluk en voldoening op het werk, dan is de menselijke factor, zoals bij alle menselijke activiteiten, van het grootste belang – hoe gaan we om met de mensen om ons heen, onze collega's, onze klanten, onze baas. Ik denk dat als je de moeite neemt om een goede relatie op te bouwen met mensen op het werk, om andere mensen te leren kennen, en je je goede menselijke basiskwaliteiten meeneemt naar de werkplek, dat een enorm verschil kan uitmaken. Dan kan je werk, ongeacht wat je doet, een bron van voldoening worden. Dan verheug je je op elke werkdag en voel je je gelukkiger op je werk. Dan zeg je: "O, fijn, ik ga vandaag naar mijn werk om mijn vrienden te zien!"' De Dalai Lama riep het op zo'n uitbundige toon dat ik hem in gedachten al zag binnenkomen op de fabriek, met zijn broodtrommeltje in de hand, om zijn collega's enthousiast te begroeten. Ik kon niet anders dan glimlachen om dit idee.

'En dit is iets wat je zelf kunt doen om je ervaring op het werk te verbeteren,' ging de Dalai Lama verder. 'Vaak wachten mensen tot een ander het initiatief neemt, maar ik denk dat dat verkeerd is. Dat is zoiets als mensen die heel lang buren blijven, maar elkaar nooit leren kennen. Dus je moet enig initiatief nemen, zelfs op de allereerste werkdag, en proberen vriendschappelijk met anderen om te gaan, jezelf voorstellen, hallo zeggen, vragen hoelang ze er al werken enzovoort. Natuurlijk zullen mensen daar niet altijd open voor staan. Ik glimlach soms naar iemand, maar dan kijkt de ander mij nog argwanender aan.' Hij lachte. 'Mensen worstelen misschien met hun eigen problemen en frustraties, maar geef het niet op als ze niet direct reageren. Probeer het een week lang, een maand lang. Uiteindelijk zul je ontdekken dat anderen reageren, hoewel je soms geneigd bent het op te geven. Soms zit ik in een hotel of ergens anders en dan glimlach ik naar iemand, maar dan word ik genegeerd. Als ze mij blijven negeren, neem ik dezelfde houding aan en ga ik hen ook negeren,' zei hij grinnikend. 'Dat is gewoon menselijk, neem ik aan. Maar het toont aan hoe de ene persoon het gedrag van de ander kan beïnvloeden, wat impliceert dat zelfs één persoon een grote invloed kan uitoefenen. Eén persoon kan de sfeer op de werkvloer veranderen. Je ziet soms een stel collega's krampachtig samenwerken, collega's die niet goed met elkaar overweg kunnen, en dan komt er een nieuwe werknemer, iemand die hartelijk en vriendelijk is, en na een tijdje verandert de stemming en houding van de hele groep ten goede. Je ziet soms ook het tegenovergestelde gebeuren, dat mensen op het werk goed met elkaar kunnen opschieten en vrienden zijn, maar dan komt er een nieuwe collega, een onruststoker, en die kan de hele groep beïnvloeden en conflicten en problemen veroorzaken. Dus ieder van ons kan invloed uitoefenen op anderen en zelfs de sfeer op het werk veranderen. En in die zin kan een lagere arbeider een grotere impact hebben op je directe werkomgeving, althans binnen je afdeling, dan de baas. Ik ken bijvoorbeeld Tibetanen die in Zwitserland zijn gaan wonen en daar in fabrieken zijn gaan werken. En zelfs zonder de taal te kennen, zijn ze erin geslaagd vriendschap te sluiten, alleen door te glimlachen en hun best te doen, en door voornamelijk met gebaren te laten zien dat ze alleen maar behulpzaam wilden zijn. Er zat een Tibetaan bij die altijd in de kantine at, waar mensen zich normaal gesproken niet met anderen bemoeiden of in kleine groepjes bij elkaar zaten. En op een dag besloot hij voor een groepje collega's de lunch te betalen. Vóór die tijd zouden mensen gewoonlijk niet iemands lunch betalen, tenzij ze die persoon heel goed kenden, maar hij deed dat wel, ook al kende hij hen niet goed. De volgende dag betaalde iemand anders de lunch voor de groep om het vriendelijke gebaar te beantwoorden. Daarna begonnen anderen het ook te doen. Algauw betaalde steeds iemand anders de lunch, en dat maakte hun vriendschap hechter.'

Ik had de Dalai Lama ooit horen opmerken dat we ons eigen leven als een soort laboratorium kunnen gebruiken, waarin we kunnen experimenteren met de implementatie van de principes waarover hij spreekt, en zijn beweringen zelf op waarheid kunnen onderzoeken. Tijdens een recent bezoek aan mijn lokale supermarkt, dacht ik na over zijn ideeën over werk en geluk. Ik amuseerde mezelf door mijn winkeluitje te beschouwen als een gecontroleerd experiment dat door een slimme onderzoeker was bedacht. De omstandigheden van het gecontroleerd experiment: neem vijf identieke gangpaden met identieke exemplaren van de *National Enquirer*, identieke kassas en identieke rekken met kauwgom en scheermesjes. De variabele in het experiment: de menselijke factor – zet achter elke kassa iemand anders.

In deze supermarkt zijn al enige jaren twee caissières werkzaam. Ik ben talloze keren in een van hun rijen beland. Jane is een vrouw van midden dertig. Ze doet haar werk efficiënt en snel, maar zegt bijna geen woord, behalve als ze iemand roept om de prijs te controleren. Wanneer ik daar winkelde, leek ze altijd een enigszins norse uitdrukking te hebben, zelfs op het chagrijnige af. Een wereld van verschil met Dorothy, een vrolijke tante van achter in de vijftig. Ze maakt altijd een vriendelijk praatje met de klanten, en is een en al glimlach en behulpzaamheid. Ze vraagt hoe het met hen gaat en onthoudt wat ze zeggen – ze weet zelfs wat ze de vorige keer hebben gekocht. Het is een genot om naar haar te luisteren. Je kunt in haar rij staan wachten, achter iemand die 137 artikelen uit zijn karretje laadt, een dik stapeltje kortingsbonnen tevoorschijn haalt en met een cheque wil betalen, en toch vind je het niet erg. Nou ja, je vindt het minder erg. Dorothy is oprecht geïnteresseerd in zowel de producten als de klanten, en geeft vaak doorlopend commentaar op wat je hebt gekocht, recepten uitwisselend terwijl ze je aankopen aanslaat: 'O, dat merk diepvriespizza heb ik nog niet geprobeerd, is ie lekker?', 'O, ik zie dat je weer Twinkies hebt gekocht, laat mij je een tip geven: koop eens wat gele cakemix van Betty Crocker, met pudding erin, snijd er dunne plakjes van en doe er een laagje verse slagroom op – dan heb je zelfgemaakte Twinkies, tenminste als je een keukenprinsesje bent!' (Ze had gelijk!) Ze leek mij altijd iemand die echt geniet van haar werk.

Het verschil tussen Dorothy en Jane illustreert niet alleen de impact van je houding op je arbeidsvreugde, maar het toont ook hoe één persoon invloed kan uitoefenen op de mensen om zich heen. Ik moest onlangs een heleboel etenswaren inslaan, dus ik had twee winkelwagentjes vol boodschappen. De jongen die de boodschappen altijd in de tassen doet, bood aan een van de wagentjes naar mijn auto te duwen, en terwijl ik de boodschappen in mijn auto laadde, maakten we een praatje. Het viel mij altijd op dat Dorothy haar 'tassenjongens' met respect behandelde, en sommige jeugdige schooljongens beschouwden haar als een moeder. Terwijl we de boodschappen inlaadden, vertelde de jongen dat hij veel meer geniet van zijn werk op de dagen dat Dorothy werkt, eraan toevoegend: '... en dat geldt niet alleen voor mij. Wanneer Dorothy werkt, lijkt iedereen vrolijker, zelfs de manager. Ik weet niet waarom, maar alles lijkt gewoon beter te gaan op de dagen dat zij werkt.'

Het belang van de menselijke factor op het werk gaat in elke werkomgeving in gelijke mate op, een supermarkt of aandelenmarkt, in de directiekamer of het ketelruim van een schip. Zoals het personage in de film *The Family Man*, gespeeld door Nicolas Cage, uitroept: 'Of je nu op Main Street of Wall Street staat, het zijn allemaal gewoon mensen!' Dus waar we ook werken, we moeten een manier vinden om goed op te schieten met de mensen om ons heen.

'Sommige mensen werken onder zeer stressvolle omstandigheden, en misschien kunnen ze het niet goed vinden met hun collega's. Heeft u enige suggesties over hoe je, in dat soort situaties, dingen kunt verbeteren?' vroeg ik aan de Dalai Lama.

'Dat hangt van de persoon af, en zijn vermogen en bereidheid om zijn eigen emoties, zoals woede en jaloezie, te beheersen. We moeten ons uiterste best doen om verantwoordelijkheid te nemen voor onze eigen emoties, tolerantie te beoefenen, proberen jaloezie en dat soort emoties te verminderen, hoewel dat natuurlijk niet altijd gemakkelijk is en tot wisselend succes leidt.'

'Maar over het algemeen moet je beginnen door in te zien dat wij allemaal afhankelijk zijn van elkaar; we vertrouwen op elkaar om in ons levensonderhoud te voorzien. Dat is een goed uitgangspunt. Hoe groter onze acceptatie van dat feit, die realiteit, hoe groter onze bereidheid om samen te werken met anderen. Soms krijgen we het gevoel dat we afzonderlijk van anderen leven, onafhankelijk zijn, een gevoel van "ik verdien mijn eigen geld, ik onderhoud mijzelf, dus waarom heb ik anderen nodig?" Vooral als we jong en gezond zijn, zijn we geneigd te denken dat we het wel alleen kunnen redden, dat we ons niet om anderen hoeven te bekommeren. Maar wat voor werk je ook doet, er zijn altijd veel andere collega's die op hun eigen wijze het bedrijf waar wij afhankelijk van zijn voor ons levensonderhoud draaiende houden. Zonder die collega's zou het bedrijf simpelweg ophouden te bestaan, en dan zouden we niet in staat zijn om in ons levensonderhoud te voorzien, en dan hebben we het nog niet eens over onze klanten, of leveranciers, of vele anderen die het ons mogelijk maken geld te verdienen.'

'Tenzij je natuurlijk als valsemunter alleen in je kelder werkt en je eigen geld maakt,' grapte ik.

De Dalai Lama lachte beleefd om mijn karige gevoel voor humor en vervolgde: 'Maar als je op de werkplek, en daar hebben we het hier over, beter met anderen wilt opschieten, denk ik dat dat het allerbelangrijkste is: het inzicht dat we met elkaar verbonden zijn, afhankelijk zijn van elkaar. Dat is de belangrijkste factor. Een helder inzicht in die realiteit. Op grond daarvan zul je meer bereidheid tonen om met anderen samen te werken, of je nu enige bijzondere, speciale gevoelens van genegenheid of mededogen voor hen koestert of niet. Op dat niveau, op het niveau van teambuilding, is mededogen of empathie zelfs niet vereist. Als je de relatie echter wilt verbeteren en hechter wilt maken, de relatie naar een hoger en veel bevredigender niveau wilt tillen, dan zijn empathie en mededogen wel nodig. Begrijp je?'

'Ja.' Ik knikte.

'Dus als je denkt aan dingen die kunnen helpen om beter om te gaan met lastige mensen op het werk, als je in een werksituatie zit waarin je te maken krijgt met vijandige collega's of veeleisende opzichters, dan kan een breder perspectief soms helpen – het besef dat het gedrag van iemand misschien niets met jezelf te maken heeft, er kunnen andere oorzaken zijn voor zijn gedrag, en dat je het niet te persoonlijk moet opvatten. Hun vijandige uitbarstingen hebben wellicht meer te maken met problemen buiten het werk, wie weet hebben ze problemen thuis. Vaak vergeten we die simpele waarheden.'

'En als we het hebben over het proberen meer mededogen voor anderen te ontwikkelen, moet ik er ook nog bij vermelden dat mededogen onbevooroordeeld dient te zijn. Idealiter maak je geen onderscheid in wie je wel of niet mededogend tegemoet treedt. Dat is oprecht mededogen, universeel mededogen. We denken bijvoorbeeld vaak dat mededogen iets is wat je moet reserveren voor degenen die het slechter hebben dan wij, de onfortuinlijken die armoede lijden of in moeilijke omstandigheden verkeren. Uiteraard is mededogen in zulke gevallen volledig op zijn plaats. Maar we hebben dikwijls het gevoel dat ons mededogen niet bestemd is voor mensen die rijker zijn dan wij, of beroemd zijn, of in gezegende omstandigheden leven. Ons mededogen droogt op, en in plaats daarvan voelen we misschien jaloezie. Maar als je verder kijkt dan je neus lang is, maakt het niet uit hoe rijk of beroemd iemand is, het zijn nog altijd mensen zoals jij en ik, mensen die onderhevig zijn aan de veranderingen in het leven, ouderdom, ziekte, aftakeling enzovoort. Op grond daarvan zijn ze ons mededogen waard, op grond van het feit dat het medemensen zijn. Dit is direct te relateren aan de werkplek, waar mensen vaak in conflict komen met hun opzichters, bazen, maar je voelt dan waarschijnlijk eerder afgunst, angst of vijandigheid dan dat je hen beschouwt als medemensen die evenveel recht hebben op jouw mededogen als ieder ander.'

'Hiermee kom ik op de laatste methode voor het omgaan met lastige mensen op het werk, met die moeilijke situaties. En deze methode is volledig afhankelijk van de fundamentele zienswijze, oriëntatie en persoonlijke interesse van het individu. Zo heb je mensen die geïnteresseerd zijn in spiritualiteit, mensen die hun geest proberen te trainen en spirituele waarden, zoals mededogen, geduld, verdraagzaamheid en vergiffenis, proberen te ontwikkelen. Die mensen kunnen deze uitdagende situaties gebruiken als onderdeel van hun spirituele beoefening, en situaties waarin je in conflict bent gekomen met lastige collega's beschouwen als een gelegenheid om deze geweldige menselijke kwaliteiten in de praktijk te brengen. Als je je werkplek tevens kunt gebruiken voor je spirituele beoefening, is dat fantastisch. En zoals ik meestal opmerk, betekent het beoefenen van geduld en tolerantie niet dat je passief hoeft te blijven terwijl jij of anderen op enigerlei wijze schade wordt toegebracht – in die gevallen dien je passende tegenmaatregelen te nemen. Maar we hebben het hier over hoe je innerlijk omgaat met en reageert op conflicten op het werk, of op situaties die emoties als woede, haat of jaloezie kunnen opwekken. En deze aanpak is beslist haalbaar. Ik ken bijvoorbeeld veel Tibetanen, politieke gevangenen, die jaren lang door de Chinezen zijn opgesloten, die zijn geslagen, uitgehongerd en gemarteld. En toch bleken ze in staat te zijn om zelfs onder deze extreme omstandigheden hun spirituele training te gebruiken en in sommige gevallen zelfs te intensiveren, zonder hun mededogen te verliezen, waarbij ze zelfs hun mededogen voor de gevangenbewaarders in stand hielden.'

'Er was bijvoorbeeld een oude monnik die vele jaren door de Chinezen gevangen werd gehouden. Een groep studenten van hem zat in dezelfde gevangenis. Ik heb ooit een van die studenten van de oude monnik ontmoet. Hij vertelde mij dat ze in die gevangenis allemaal waren mishandeld en uitgescholden, maar het viel de studenten vooral zwaar om te zien dat hun leraar werd geslagen en vernederd. Ze werden heel kwaad. De leraar adviseerde hun echter zich niet over te geven aan haat en zei dat dit feitelijk een mooie gelegenheid was om aan hun innerlijke ontwikkeling te werken. Hij vertelde dat het belangrijk was hun mededogen te bewaren, zelfs jegens de bewakers die met hun wandaden de zaadjes zaaiden voor hun eigen lijden in de toekomst.'

De Dalai Lama keek op zijn horloge en realiseerde zich dat het tijd was om af te sluiten. Tijdens de afronding van ons gesprek, begon hij plotseling hevig te lachen. 'Hoe dan ook,' besloot hij, 'vandaag heb ik je suggesties aan de hand gedaan voor hoe je kunt omgaan met lastige mensen op het werk. Ik praat nu wel over dit soort dingen, maar als ik voor een bedrijf zou gaan werken en zelf in dat soort vijandige situaties met werkgevers of collega's zou belanden, weet ik niet in hoeverre ik erin zou slagen mijn eigen advies op te volgen. Ik weet het niet – misschien zou ik wel gaan staan stampen, schreeuwen en dingen breken, ruiten ingooien en glaswerk stukslaan. Ik zou misschien meteen ontslagen worden! En als dit boek met onze gesprekken later wordt gepubliceerd, loop ik natuurlijk het risico dat een lezer naar mij toekomt en zegt: "Ik zit in een situatie waarin het heel lastig is om te werken, en aangezien jij de zaken zo prachtig hebt voorgesteld, mag je minstens een week mijn plaats innemen. Dan piep je wel anders!" Hoe dan ook, bedankt, Howard. Welterusten.'

'Welterusten. Slaap lekker, en tot morgen.'

3
GELD VERDIENEN

We kwamen de volgende middag opnieuw bij elkaar en gingen verder waar we gebleven waren in onze discussie over een aantal van de meest voorkomende bronnen van onvrede op het werk. Zoals we de vorige dag hadden besproken, bestond er geen twijfel over dat een slecht sociaal klimaat, vol conflicten en jaloezie, werk in een nachtmerrie kan doen veranderen. Toch zijn, volgens een enquête van Gallup, mensen in Amerika over het algemeen meer tevreden over de sociale aspecten van hun werk dan over het gebrek aan erkenning, de mate waarin je je gewaardeerd voelt op het werk. En veel mensen beschouwen het salaris of honorarium als een objectief criterium van de mate waarin ze door hun werkgever worden gewaardeerd. Maar in de hedendaagse maatschappij vertegenwoordigt de hoogte van je salaris vaak veel meer dan dat. Het zegt niet alleen iets over de mate waarin de werkgever iemand waardeert. Het bedrag dat iemand verdient, kan direct in verband worden gebracht met de mate waarin iemand zichzelf waardeert, met ons gevoel van eigenwaarde.

Zoals een gepensioneerde adjunct-directeur bij een groot effectenkantoor uitlegde: 'Dertig jaar lang was ik een kei van een effectenmakelaar, ik was in bloedvorm. Er waren dagen waarop ik miljoenen dollars voor mijn cliënten kon verdienen en zelf tien- of honderdduizenden dollars kon opstrijken. Ik kon in een jaar tijd het geld van de beleggers verdrie-, vervier-, vervijfdubbelen. Het probleem was natuurlijk dat er ook dagen waren waarop ik net zoveel kon verliezen. Dus ik stuiterde dertig jaar lang als een basketbal op en neer – tijdens de periodes waarin ik geld verdiende, wanneer ik aan de winnende hand was, voelde ik mij ongelooflijk high. Ik had het gevoel dat er niets fout kon gaan en werd door mijn rijk geworden cliënten overladen met lof. Ze zeiden dat ik een genie was, en daar was ik het uiteraard mee eens, ik verdiende al hun lof, ik dacht dat ik de slimste jongen op de planeet was. En in die periodes was ik ongeduldig, onverdraagzaam en had ik altijd mijn oordeel klaar over anderen. Maar er waren ook andere tijden, de slechte tijden waarin mensen geld verloren, zelfs failliet gingen. Tijdens die periodes zonk ik vaak weg in een diepe depressie, ik schaamde mij, en soms bleef ik gewoon thuis om me te bezatten. Wat het natuurlijk alleen nog maar erger maakte. Ik voelde mij een totale mislukkeling, een idioot, en ik was zelfs bang om mijn cliënten onder ogen te komen. Een paar keer werd het zo erg dat ik erover dacht zelfmoord te plegen.'

Bij de meesten van ons is de relatie tussen hoeveel geld we verdienen en ons zelfrespect niet zo dramatisch als bij deze effectenmakelaar. Maar het illustreert een belangrijk principe. Als we een extern kenmerk, hetzij de hoeveelheid geld die we verdienen of de mening van anderen of het succes van een project waarbij we betrokken zijn, als maatstaf voor onze innerlijke waarde kiezen, krijgen we vroeg of laat een pak rammel van de onvermijdelijke veranderingen in het leven. Immers, geld komt en gaat en is bijgevolg een onstabiele bron van zelfrespect, een onbetrouwbare fundering voor de opbouw van onze identiteit.

Volgens sociologen beschouwt eenderde van de Amerikaanse werknemers, ongeacht het soort werk dat iemand doet, de financiële beloning toch als de voornaamste reden om te werken, als het belangrijkste aspect van hun werk. Men vindt de aard van het werk zelf minder belangrijk. Dit soort mensen is zeer ontvankelijk voor gevoelens van hevige weerzin en ontevredenheid als ze vinden dat ze niet voldoende beloond worden voor hun inspanningen.

In onze discussie over werk konden we met geen mogelijkheid om het onderwerp geld heen, en ik was benieuwd wat de Dalai Lama hierover te zeggen had.

'Ik wil het graag hebben over geld,' begon ik. 'Als we praten over geld, is dat natuurlijk een veelomvattend onderwerp dat je vanuit diverse invalshoeken kunt benaderen, maar in het kader van deze discussie, aangezien we ons concentreren op werk, zou ik graag horen wat u in zijn algemeenheid vindt over geld als de belangrijkste motivatie om te werken.'

'Ja. Ik denk dat veel mensen alleen werken om geld te verdienen,' beaamde de Dalai Lama. 'Daar is niets mis mee. Om te kunnen overleven in een moderne geïndustrialiseerde samenleving moet iedereen een manier vinden om in zijn onderhoud te voorzien, dus als je werk hoofdzakelijk ziet als een bron van levensonderhoud is dat heel realistisch. Met name als je met je werk een gezin met jonge kinderen onderhoudt, dan heeft werk zelfs iets edelmoedigs. Het wordt pas een probleem als de motivatie om geld te verdienen een doel op zich wordt. Als dat gebeurt, verlies je de feitelijke reden waarom je geld verdient uit het oog, namelijk jezelf voorzien van de middelen om iets te bereiken. Geld is op zich niet meer dan papier. Het is alleen waardevol omdat wij als gemeenschap hebben afgesproken er een bepaalde waarde aan toe te kennen. Het papier op zich is heel weinig waard. De werkelijke waarde van geld bestaat uit de kosten van het papier waarop het wordt afgedrukt. Dat klinkt misschien mal, maar ik denk dat het belangrijk is onszelf soms te herinneren aan dit simpele feit.'

'Het probleem met het najagen van geld voor het geld, is dat we slachtoffer worden van een onverzadigbare hebzucht. We worden slaven van het geld. Ik heb een paar vrienden, volgens mij heb ik je in het verleden over sommigen van hen verteld, die van hot naar haar rennen, heel de wereld afreizen op zoek naar steeds meer geld. Soms plaag ik hen en noem ik hen geldslaven. Maar ze denken nooit na over de reden waarom ze dat doen, behalve dan dat ze er nog meer geld mee kunnen verdienen. Als zo'n wilde jacht zou zorgen voor het geluk en gevoel van voldoening die ze zoeken in het leven, zou je het waarschijnlijk nog enigszins kunnen rechtvaardigen. Dat is echter niet het geval. Sterker nog, het echte probleem is dat we nooit ergens mee tevreden zijn. Zolang je er niet in slaagt een van de rijkste mensen op aarde te worden, wat sowieso erg onwaarschijnlijk is, zal er altijd iemand zijn die meer geld heeft dan jij. En wanneer je iets hebt, wil je weer iets anders hebben. Als je een miljoen verdient, wil je tien miljoen, en wanneer je er tien hebt, wil je honderd miljoen. We kunnen alleen echt tevreden worden als we leren zeggen: "Dit is genoeg voor mij." Anders speel je een spel waarbij de doelpalen voortdurend worden verplaatst, zodat je nooit de kans krijgt om te winnen.'

'Dat is misschien waar,' zei ik. 'Maar sommige mensen jagen geld niet na voor het geld, zelfs niet voor de dingen die ze ermee kunnen kopen, maar voor de macht die ze erdoor krijgen. Hun motivatie is macht.'

De Dalai Lama schudde zijn hoofd. 'Ik geloof dat ware macht voortkomt uit het respect dat mensen je betonen. Ware macht heeft te maken met je vermogen om de harten en geesten van anderen aan te spreken.

Mahatma Gandhi had bijvoorbeeld ware macht, maar dat was niet gebaseerd op hoeveel geld hij bezat. Macht op grond van iemands rijkdom is kunstmatig, het ligt alleen aan de oppervlakte en is niet blijvend. Ze hebben respect voor je geld, maar niet voor jou, dus als je je geld verliest, verdwijnt ook de macht en het respect. Je kunt het vergelijken met de macht die iemand heeft met een revolver in de hand; zodra die persoon de revolver neerlegt, is alle macht of respect verdwenen.'

Ik wilde mijn argument iets verder voeren en zei: 'Als we het hebben over de verschillende motieven om een heleboel geld te verdienen, is volgens mij een van de redenen waarom mensen meer geld willen verdienen de onderliggende overtuiging dat hoe rijker je wordt, hoe meer vrijheid je krijgt. De vrijheid om de hele wereld rond te reizen, de vrijheid om te doen wat je wilt. Mensen denken: als ik miljardair word, kan ik genieten van totale vrijheid. Ik kan gaan en staan waar ik wil, ik kan doen wat ik wil.'

Hij herinnerde mij eraan dat vrijheid een ruim begrip is. 'En we hebben het hier over vrijheid in een beperkte context. En ja, in die beperkte context bestaat er een bepaalde mate van vrijheid. Bijvoorbeeld het bevrijd zijn van de zware last om voldoende financiële middelen te vinden. Je hoeft je geen zorgen meer te maken over voedsel, kleding en onderdak. In die zin is er sprake van een element van vrijheid. Als je het als individu of gezin echt moeilijk hebt en elke dag moet zien te overleven, ben je geneigd te geloven dat alles in orde zou komen als je financiële omstandigheden verbeteren, want dat is waar je je hoofdzakelijk mee bezighoudt. Mensen hebben dus een zekere hoeveelheid geld nodig. Geld kan nuttig zijn – je kunt er voedsel en medicijnen voor kopen, je kunt er dingen mee doen die je anders niet had kunnen doen, je kunt zelfs een woning kopen of een paar keer op vakantie gaan. Oké. En als je meer dan voldoende geld hebt, kun je er anderen mee helpen. Dat is uitstekend. En er is nog een reden waarom geld belangrijk kan zijn. De fundering voor wat ik beschouw als menselijke basiswaarden, is een gevoel van zorg voor anderen. Als mensen financieel in de put zitten, straatarm zijn, is het moeilijk voor hen om menselijke waarden in praktijk te brengen. Het is soms lastig rekening te houden met anderen als je zelf nauwelijks in leven kunt blijven. Zo is het belangrijk om het milieu te beschermen, maar als je honger hebt, ga je misschien toch bomen kappen of in een leisteengroeve werken zodat je kunt eten. Je knorrende maag krijgt dan voorrang boven de zorg voor het milieu. Maar we hebben het hier over je algemene oriëntatie, je houding ten opzichte van geld. We praten over gevallen waarin mensen geld niet alleen zien als een middel om in hun basisbehoeften, zoals voedsel en onderdak, te voorzien. Je had het over de gedachte dat geld een middel zou zijn om vrijheid te verwerven. Voor menigeen gaat het verder dan dat. Vaak ligt de verwachting dat geld alle problemen kan oplossen ten grondslag aan hun gedrag. Zelfs onder Tibetanen, zelfs onder degenen die zijn blootgesteld aan het idee van spiritualiteit en de boeddha-dharma, bestaat soms de neiging te denken dat als je naar de Verenigde Staten gaat en een heleboel geld verdient, alles op zijn pootjes terechtkomt. Er bestaat zelfs een moderne Tibetaanse uitdrukking voor geld, namelijk *kunga dhondup*, wat letterlijk "dat wat iedereen gelukkig maakt en alle wensen doet uitkomen" betekent. Als je in die veronderstelling verkeert, kun je uiteraard van een koude kermis thuiskomen. In het Westen is het, historisch gezien, wellicht begrijpelijk omdat in veel landen de moderne maatschappij ontstond vanuit een economische malaise, waardoor de hele samenleving op economische ontwikkeling was gericht. Men ging ervan uit dat als het goed zou gaan met de economie, veel problemen in de samenleving zouden worden opgelost. Maar zelfs toen de omstandigheden verbeterden, bleef men zo denken. En volgens mij kwam dat omdat men had verzuimd tegelijkertijd innerlijke waarden te ontwikkelen. Je zou kunnen zeggen dat deze manier van denken een gevolg of neveneffect is van het onvermogen de waarde van innerlijke vermogens of innerlijke waarden, zoals mededogen, tolerantie en menselijke genegenheid, te herkennen.'

'Maar, Howard,' ging de Dalai Lama verder, 'aangezien jij uit Amerika komt, denk ik dat jij beter weet wat de opvattingen in Amerika zijn dan ik. Heb jij in de Amerikaanse samenleving, onder de rijken die je hebt ontmoet, geconstateerd dat ze allemaal erg tevreden zijn of hebben ze het gevoel dat er nog steeds iets ontbreekt, dat ze iets anders nodig hebben dan rijkdom? Wat is de gangbare gedachte?'

'Als ze eenmaal rijk zijn geworden?'

'Ja.'

'Nou,' antwoordde ik, 'ik heb zelf een aantal mensen ontmoet met een vermogen van honderden miljoenen dollars, en minstens één miljardair. En ik heb de indruk dat het voor je alledaagse geluk niet zoveel uitmaakt of je wel of niet rijk bent. Maar ik ken ook mensen die echt genieten van hun rijkdom. Sommigen kopen er bijvoorbeeld kunst voor en het kopen van die kunstwerken geeft hun een gevoel van immense voldoening. Maar over het geheel genomen, denk ik dat rijke mensen die gelukkig zijn niet verschillen van arme mensen die gelukkig zijn. Als ze geld geven aan liefdadigheid en goede vrienden of een fijn gezin hebben, zijn ze gelukkig; is dat niet het geval, dan zijn ze ongelukkig. Zo simpel is het – althans, dat is mijn indruk. Maar ik denk dat het wetenschappelijk bewijs, de enquêtes en onderzoeken die door sociologen zijn uitgevoerd, belangrijker zijn dan mijn persoonlijke indruk die gebaseerd is op een paar rijke stinkerds die ik heb ontmoet.'

'In onze vorige gesprekken, waaruit ons eerste boek is ontstaan, hebben we het onderwerp geld volgens mij vluchtig behandeld. In dat boek noemde ik enkele onderzoeken die het bewijs leverden dat voorbij een bepaald punt, in elk geval boven de armoedegrens, of zodra we in onze basisbehoeften hebben voorzien, meer geld niet meer geluk oplevert. Dat was een paar jaar geleden. Sinds die tijd zijn er meer onderzoeken gedaan betreffende hetzelfde vraagstuk, en op dit moment blijven de bewijzen zich opstapelen. Het staat onomstotelijk vast dat je niet gelukkiger wordt van heel veel geld, dat heeft gewoon niets met elkaar te maken. Zo berichtte de *New York Times* vorig jaar dat het netto-inkomen in Amerika in de afgelopen dertig jaar met 16 procent is gestegen, maar het percentage Amerikanen dat zichzelf als "zeer gelukkig" omschrijft, is tijdens diezelfde periode gedaald van 36 naar 29 procent.'

De Dalai Lama knikte bedachtzaam terwijl ik verder ging: 'Eergisteren verwees ik naar een enquête van de Conference Board, waaruit bleek dat de tevredenheid op het werk in de afgelopen paar jaar een neerwaartse lijn vertoont. Diezelfde enquête toonde aan dat de grootste daling in arbeidsvreugde te vinden was bij mensen met het hoogste inkomen. Helaas lijkt dit soort wetenschappelijke bevindingen, en zelfs de bekende volkswijsheid "geld maakt niet gelukkig", geen werkelijk effect te hebben op de algemene opvattingen in de maatschappij. We lijken nog steeds te denken dat geld wel gelukkig maakt.'

'Dit brengt mij op de volgende vraag: hoe zou u iemand overtuigen die alleen in geld geïnteresseerd is, iemand het besef bijbrengen dat geld niet gelukkig maakt, iemand ervan doordringen dat de innerlijke waarden waarover u spreekt de ware bron van het geluk vormen?'

'Als mensen gewoon niet het belang inzien van innerlijke waarden, en zelfs niet bereid zijn open te staan voor het idee, dan is dat heel moeilijk om uit te leggen,' mompelde hij, bijna alsof hij tegen zichzelf sprak.

'Maar dan nog. Wat zou u zeggen tegen mensen die hoofdzakelijk werken om meer geld te verdienen, ook al hebben ze genoeg om van te leven?'

'Misschien zou ik hun eerst het wetenschappelijk bewijs laten zien waarnaar je verwees, waarin wordt aangetoond dat grote rijkdom niet automatisch leidt tot geluk. Natuurlijk moet iedereen voor zichzelf uitmaken hoeveel geld hij nodig heeft, maar als iemand heel rijk is en mij om advies zou vragen, zou ik kunnen uitleggen dat mensen gelukkiger worden als ze hun rijkdom met anderen delen – je krijgt meer vrienden, een betere reputatie, je laat iets positiefs achter, je krijgt zelfs minder spijt als je op je sterfbed ligt. Ze kunnen dan tegen zichzelf zeggen: "Ik heb mijn geld tenminste gebruikt om anderen te helpen."'

De Dalai Lama dacht een ogenblik na. 'En ik zou ook voorstellen dat ze gewoon eens rustig nadenken over het hele proces van rijkdom vergaren. Als ze geloven dat geld gelijkstaat aan geluk, kunnen ze in de ban raken van een oneindige cyclus van rijkdom vergaren, zelfs nadat ze rijk zijn geworden. Ze blijven die ongrijpbare droom najagen. Ze verdubbelen hun inzet. Ze gaan op jacht naar meer. En hoe rijker ze worden, hoe meer problemen er op de loer liggen. Zoiets is onvermijdelijk. Dus je verwerft op die manier niet het soort geluk en vrijheid dat je zoekt. Alleen het tegenovergestelde: je bent nu een slaaf van het geld, je bent nog afhankelijker geworden dan in het begin. En het is mij opgevallen dat als mensen niet goed hebben nagedacht over de vraag waarin geld werkelijk kan voorzien, het niet uitmaakt hoeveel geld ze verdienen en hoe hoog hun salaris is, er blijft dan altijd die knagende zorg dat ze niet genoeg geld hebben. Want hoe meer geld mensen verdienen, hoe uitbundiger hun levensstijl wordt en hoe duurder het leven dat ze gaan leiden. Je kunt die bezorgdheid over geld op twee manieren proberen te verminderen. De eerste is nog meer geld verdienen, maar zoals ik eerder heb gezegd, betwijfel ik of dat zal helpen. De tweede is je onkosten snoeien, er bewust voor kiezen bescheidener te zijn in je verlangens. Het kan dus nuttig zijn om jezelf eens af te vragen: "Waar ben ik mee bezig? Waarom doe ik dit?" En om dan te kijken of je al dat geld werkelijk nodig hebt en of datgene wat je doet je welzijn werkelijk bevordert. Zo'n simpele overdenking, gewoon jezelf de rust gunnen om erover na te denken, kan volgens mij al een krachtige invloed hebben.'

'Ik denk dat het allerbelangrijkste is dat je jezelf afvraagt: "Hoe kijk ik eigenlijk tegen het leven aan?" Als je levensopvatting naar buiten gericht is, als je extern georiënteerd bent, en je laat je leiden door de veronderstelling: *ja, geluk komt van buitenaf, geluk wordt veroorzaakt door externe middelen, door het vergaren van rijkdom*, dan houd je die cyclus eeuwig in stand. Als je levensopvatting is: *ja, geld is belangrijk, maar er zijn andere factoren die net zo belangrijk zijn of waarschijnlijk nog belangrijker voor je gevoel van welzijn*, dan leid je volgens mij een gelukkiger leven.'

'En denkt u werkelijk dat dat een overtuigend argument zou zijn, overtuigend genoeg om iemand van opvatting te doen veranderen?' vroeg ik.

'Dat is heel moeilijk te zeggen,' zei de Dalai Lama lachend. 'Zelfs de Boeddha kon niet iedereen van gedachten doen veranderen.'

Het was tijd voor onze gebruikelijke theepauze in de middag, en terwijl we thee dronken kwam een van de stafleden van de Dalai Lama binnen om een boodschap over te brengen. Terwijl zij praatten, kreeg ik de kans om datgene wat hij had gezegd te overpeinzen. Net als vele anderen in onze consumptiemaatschappij, nam ik zelden de tijd om na te denken over mijn onderliggende veronderstellingen en opvattingen over geld en geluk. Er was geen diepteanalyse nodig om te zien dat zijn denkbeelden klopten. Ik kon met gemak veel voorbeelden bedenken van hoe de eindeloze jacht op rijkdom iemands leven steeds complexer maakte. Ik had bij rijke vrienden gezien hoe hun toenemende rijkdom zorgde voor een exponentiële groei van de complexiteit van hun leven. Eén stel schoot mij onmiddellijk in gedachten. Ze waren allebei dikbetaalde professionals, en ze waren dolblij toen hun inkomensniveau eindelijk het punt bereikte waarop ze zich hun droomvakantiehuis aan het strand konden veroorloven. Met grote verwachtingen keken ze uit naar het nippen aan pina colada's op hun veranda, terwijl ze de zon in de oceaan zagen zakken. Maar hun vurige enthousiasme bekoelde enigszins toen ze verzandden in langdurige onderhandelingen, eindeloos papierwerk en hypotheekformulieren. Toen de transacties waren afgerond, kwam de grootscheepse renovatie, gevolgd door de onvermijdelijke conflicten met de aannemer vanwege escalerende kosten en vertragingen bij de constructie. Daarna bleken de meubilering en inrichting veel meer te kosten dan ze hadden gedacht. Tegen die tijd was hun opwinding aanzienlijk verminderd. Er volgde een tijdelijke opleving toen ze ten slotte een paar weekenden konden genieten van hun buitenverblijf, maar na de eerste zware regenbuien ontdekten ze een grote fout in de fundering van het huis, die ernstige waterschade veroorzaakte. Ik was mijn vrienden kort daarvoor tegengekomen en vroeg hun of ze genoten van hun strandhuis. 'Het is een prachtig huis, en we vinden het echt heerlijk als we ertussenuit kunnen gaan. Helaas lukt het ons niet om er zoveel naartoe te gaan en van te genieten als we hadden gehoopt. Bovendien vormden de hypotheekbetalingen, faciliteiten en onderhoudskosten nogal een aanslag op onze financiën, dus uiteindelijk zitten we nu nog meer op kantoor om het te kunnen betalen, en dat heeft weer tot gevolg dat we er niet zo vaak naartoe kunnen als we zouden willen.'

Onze pauze liep ten einde en de Dalai Lama vervolgde zijn gedachtegang: 'Afrondend kunnen we zeggen dat je, zelfs in het geval van iemand die alleen geld najaagt om nog meer geld te krijgen, ergens diep in zijn of haar geest toch de overtuiging zult tegenkomen dat hij of zij op een of andere manier gelukkiger wordt van meer geld. De ultieme motivatie is nog altijd het vergroten van je geluk. Als je dat nastreeft, als je jezelf ondergeschikt maakt aan geld en hebzucht, bereik je juist het tegenovergestelde. Dat is iets waarmee je jezelf alleen maar schade toebrengt. In plaats van meer geluk veroorzaakt het aanhoudend lijden: het lijden van onophoudelijke verlangens. Iemand die daarentegen de bedoeling van geld nooit uit het oog verliest en vanuit een gezonde zienswijze met geld kan omgaan, zal genieten van een groter gevoel van welzijn met betrekking tot rijkdom en geld, ook al bezit hij of zij feitelijk minder geld. Dus ironisch genoeg kan deze persoon armer zijn in termen van materiële rijkdom, maar hij is in werkelijkheid rijker want hij kent de echte waarde van geld en rijkdom.'

Nog steeds denkend aan de weelderige leefstijl met luxe auto's en vakantiehuizen van sommige kennissen, kon ik de verleiding niet weerstaan dat af te zetten tegen het eenvoudige leven van de Tibetanen in Dharamsala, in het bijzonder het leven van de gemeenschap bestaande uit boeddhistische monniken en nonnen. Terwijl ik hierover nadacht, vroeg ik: 'In het verleden heeft u het boeddhistische concept van juist levensonderhoud genoemd, een concept waarover ik u later nog aan het woord wil laten. Maar ik vroeg mij af: bestaat er ook een bijzondere boeddhistische benadering of houding ten opzichte van geld?'

'Het boeddhistische concept van juist levensonderhoud impliceert geen moreel oordeel over een bepaalde levensstijl met luxe en comfort, of over de hoeveelheid geld die iemand verdient. Als iemand monnik of non is, zijn er natuurlijk bepaalde beperkingen omdat je dan een kloostergelofte hebt afgelegd die voorschrijft dat je geen leven met veel comfort of overdadige luxe mag leiden. Zo dient een monnik slechts één gewaad te bezitten. Dus er zijn bepaalde beperkingen. Als je geen monnik bent en je je niet hoeft te houden aan de beperkingen die voortvloeien uit de kloostervoorschriften, en je iemand bent die heel fortuinlijk is geweest en veel materiële middelen heeft vergaard, dan wordt dat, vanuit boeddhistisch oogpunt, gezien als de vruchten van het positieve karma dat in het verleden is opgebouwd. Juist levensonderhoud betekent dan ook niet simpelweg eenvoud versus luxe.'

'Onder de volgelingen van de Boeddha zaten immers leden van het koninklijk huis uit verschillende koninkrijken. Ik denk dat het boeddhistische standpunt inzake rijkdom meer te maken heeft met de geestestoestand van het individu dat de rijkdom bezit en verdient. De nadruk ligt op het trainen van je geest zodat je geen last krijgt van hebberigheid of vrekkigheid en in staat bent volledig uit te stijgen boven elk gevoel van hebzucht. Wat de rijkdom zelf betreft zijn er enkele geschriften waarin uitdrukkelijk staat dat zolang een *bodhisattva** gehechtheid kent, het voor hem of haar onethisch is ook maar iets te bezitten, zelfs één munt is al een doodzonde. Maar als de bodhisattva vrij is van gehechtheid, dan is zelfs het bezitten van grote materiële rijkdom niet onverenigbaar met het bodhisattva-ideaal. Dit lijkt er dus op te wijzen dat de toestand van je geest en de wijze waarop je je rijkdom vergaart belangrijker zijn.'

'Als je denkt aan boeddhistische teksten, kun je waarschijnlijk zeggen dat je, vanuit boeddhistisch perspectief, alle verworvenheden van het menselijk bestaan, zoals materiële overvloed enzovoort, niet van de hand hoeft te wijzen. In een van Nagarjuna's teksten staat een

* Een bodhisattva is iemand die heeft beloofd de verlichting te zullen bereiken om alle wezens beter van dienst te kunnen zijn.

bespreking van vier legitieme menselijke activiteiten: twee doelen en de overeenkomstige middelen om die doelen te verwezenlijken. Het ene doel is materiële bevrediging en dat bereik je door rijkdom tot stand te brengen, wat tegenwoordig ook het vergaren van de almachtige dollar zou inhouden. Het tweede doel is het bereiken van de verlichting en dat bereik je door spirituele beoefening. Dat is de boeddhistische zienswijze.'

Het standpunt van de Dalai Lama was meer dan duidelijk. Onze opvattingen over geld zijn belangrijker dan hoeveel geld we verdienen. In de zoektocht naar geluk spelen, zoals altijd, onze innerlijke hulpbronnen een grotere rol dan onze materiële hulpbronnen, tenzij we natuurlijk in troosteloze armoede leven en sterven van de honger.

We hadden gesproken over mensen die 'geldslaven' zijn, mensen voor wie geld of salaris de voornaamste overweging is om te gaan werken. Hoewel dat voor veel mensen opgaat, lijkt het erop dat dit wellicht aan het veranderen is. Martin Seligman, een van de sleutelfiguren op het gebied van de studie naar menselijk geluk en het nieuwe vakgebied positieve psychologie, stelt in een recent boek: 'Onze economie verandert in rap tempo van een geldeconomie in een voldoeningseconomie.' Hij beweert dat bij veel mensen persoonlijke voldoening het snel wint van de financiële beloning als de beslissende factor in de keuze van een baan. Zo wijst hij erop dat in Amerika advocaten nu het meest verdienen, maar toch is geld voor veel mensen niet langer voldoende om hen ertoe te verlokken in de advocatuur te gaan werken. De grote advocatenbureaus in New York geven momenteel zelfs meer geld uit aan het behouden van hun personeel dan aan het werven van nieuw personeel, omdat veel advocaten hun juridische loopbaan opgeven voor ander werk dat misschien minder betaalt maar hen wel gelukkiger maakt.

Laatst was ik getuige van een verrassend voorbeeld van deze mentaliteitsverandering. Vorige maand had ik een nieuwe persoonlijke assistent nodig, en ik plaatste een kleine advertentie in mijn lokale krant. Ik was verbijsterd toen er in de eerste twee dagen 165 mensen reageerden. Veel sollicitanten waren hoogopgeleid en hadden vroeger een positie met een grote verantwoordelijkheid, plus een dik salaris, en sommigen waren ouderen met jarenlange werkervaring. Toch hadden ze gesolliciteerd op een niet zo goed betaalde positie, en ik vroeg mij af of dit het gevolg was van de slechte economie en de krappe arbeidsmarkt. Ik begon sommige sollicitanten te vragen waarom ze hadden gereageerd op deze vacature, waarvoor ze, in veel gevallen, te hoog waren opgeleid. Eén blik op hun curriculum vitae vertelde mij dat ze een veel beter betaalde baan zouden kunnen krijgen. Ik was verbaasd over hun antwoorden. Veel sollicitanten vertelden mij dat ze banen hadden afgewezen waarmee ze veel meer hadden kunnen verdienen, en het antwoord van velen kwam bijna exact overeen met de volgende verklaring: 'Ik vind geld niet meer het belangrijkste. Ik ben meer geïnteresseerd in een baan die flexibel en afwisselend is, en mij de vrijheid geeft om er ook andere dingen naast te doen. Ik wil niet elke dag achter een bureau zitten en hetzelfde doen. Dit geeft mij de vrijheid om mij ook bezig te houden met schrijven en kunst. En ik help graag mensen. In mijn vorige baan werkte ik dag en nacht, ik verdiende een heleboel geld, maar ik kreeg het gevoel dat de president-directeur, die ik nooit heb ontmoet, en een stel anonieme aandeelhouders uiteindelijk een nog vettere winst opstreken met datgene wat ik deed. Ik wil liever deze baan, werken als iemands "rechterhand", zodat ik kan zien hoe ik iemand help, en zodat ik zijn gezicht kan zien.'

Ja, misschien zijn er veranderingen op komst. Steeds meer mensen lijken beslissingen te nemen op grond van dezelfde afwegingen die een vriend van mij onlangs treffend beschreef:

'Toen ik afstudeerde aan het Barnard College van de universiteit van Columbia was het 1986, het hoogtepunt van de waanzin op Wall Street en de yuppiegekte. Ik had diverse stages gelopen bij kunstgaleries en centra voor podiumkunsten – het was duidelijk dat ik daar affiniteit mee had. Ik ben afgestudeerd in muziek en kunstgeschiedenis, en met die studie kon ik niet veel anders dan lesgeven. En ik hield van kunst en theater, dus beter kon ik het toch niet treffen? Toen we in Barnard een groepsdiscussie hielden over onze stages, maakten we een rondje zodat iedereen kon vertellen over de aanbiedingen die ze hadden gehad en wij elkaar konden helpen bij het maken van een keuze. Ik vertelde hun over mijn aanbiedingen. De ene was een slecht betaalde instroombaan bij een van de meest prestigieuze centra voor podiumkunsten in New York. De andere was een baan als pr-medewerker voor een firma op Wall Street. Ze boden drie keer zoveel, plus de mogelijkheid mijn salaris elk jaar minstens te verdubbelen met bonussen. Toen ik de groep vroeg wat ik moest doen, riepen ze in koor: "Grijp het geld!" Maar ik had gezien wat een dergelijke baan bij mijn broer had aangericht: werkweken van 100 uur, geen vakantie, geen sociaal leven, slapen op kantoor, rondlopen als een groenedollarzombie. Ik koos voor de instroombaan bij het centrum voor podiumkunsten, en hoewel ik dikwijls wisselgeld tussen de kussens van mijn bank vandaan heb moeten peuteren om genoeg geld te vinden voor de metro op een kille, stormachtige dag (meestal liep ik naar mijn werk), kreeg ik een droomcarrière, en heb ik uiteindelijk genoeg geld om een taxi te nemen wanneer ik dat wil. En ik heb zelfs tijd om op vakantie te gaan.'

4
OP ZOEK NAAR EVENWICHT: VERVELING EN UITDAGING

'Ik word de laatste tijd gek van mijn werk,' klaagde een vriend die werkt als marketingadviseur. 'Ik heb er genoeg van! Ik denk er zelfs over ontslag te nemen. Ik kan er gewoon niet meer tegen.'

'Ja, ik weet hoe het voelt,' betuigde ik mijn medeleven, 'een te hoge werkdruk kan voor veel stress zorgen.'

'Welnee, dat is het niet. Het is juist het tegenovergestelde. Ik verveel mij suf... elke dag is verdorie hetzelfde. Ik ben meestal rond twee uur klaar met mijn werk en de rest van de dag probeer ik net te doen alsof ik het druk heb, terwijl ik probeer mijn potlood op de punt te laten balanceren, figuurtjes maak van paperclips of, op een heel slechte dag, naar de gaatjes in de plafondtegels staar en in mijn fantasie de puntjes met lijnen verbind.'

Het is al langer bekend dat verveling en het ontbreken van uitdagingen veelvoorkomende bronnen van onvrede op het werk vormen. Talrijke wetenschappelijke onderzoeken en enquêtes – zoals die van Sheila Henderson, werkzaam aan de universiteit van Stanford, of Karen Loscocco en haar collega's, sociologen aan de staatsuniversiteit van Albany – hebben bevestigd dat uitdaging een van de hoofdfactoren vormt bij arbeidsvreugde. Experts op het gebied van organisatiemilieu en arbeidsvoldoening spreken vaak over de 'juiste verhouding tussen werknemer en arbeidsmilieu'. Om tot optimale arbeidsvoldoening en prestaties te komen, moeten werknemers in het midden van twee tegenpolen worden gehouden – met aan de ene kant te veel uitdaging en aan de andere kant te weinig uitdaging. Te veel uitdaging leidt bij werknemers tot stress, overbelasting en een achteruitgang in de werkprestaties. Te weinig uitdaging leidt bij werknemers tot verveling, wat de arbeidsvreugde in gelijke mate beperkt en de werkprestaties hindert.

Omdat uitdaging of verveling een belangrijke rol speelt bij geluk op het werk, bracht ik het onderwerp ter sprake in mijn gesprek met de Dalai Lama en legde uit: 'Weet u, uit gesprekken met vrienden, en ook in de wetenschappelijke literatuur over tevredenheid onder werknemers, komt naar voren dat verveling heel vaak een bron van onvrede is op het werk.'

'Als je steeds hetzelfde moet doen, is het volgens mij heel menselijk dat er op een bepaald punt een zekere vermoeidheid optreedt, een vorm van weerzin of onwilligheid of gebrek aan enthousiasme om te doen wat je moet doen.'

'Overkomt u dat ook weleens?' vroeg ik.

'Ja zeker!' Hij lachte. 'Zo moest ik onlangs een twee weken durende retraite leiden, een intensieve Avalokiteshvara-retraite*, met de recitatie van de zeslettergrepige mantra, en ter afsluiting, aan het einde van de retraite, moest ik drie dagen lang bepaalde initiatierituelen uitvoeren. Dat zijn heel lange, ingewikkelde rituelen, dus op de derde dag, toen het eind in zicht kwam, dacht ik alleen maar: *o, ik hoef dit morgen gelukkig niet meer te doen!* Ik was blij dat het bijna voorbij was. Dat is heel menselijk.'

'Hoe gaat u daar persoonlijk mee om?'

'In mijn geval heb ik misschien veel steun aan mijn algemene houding ten opzichte van leven en werk, en de basistoestand van mijn geest. Elke morgen denk ik bijvoorbeeld diep na over een vers van de grote zevendeeeuwse boeddhistische meester Shantideva. Het begint met de zin: "Zolang er ruimte bestaat..." Ken je dat vers?'

'Ja.' Ik knikte.

Hij reciteerde het in zijn geheel:

Zolang er ruimte bestaat,
Zolang er wezens met bewustzijn bestaan,
Moge ook ik blijven bestaan,
Om al het lijden in de wereld te verdrijven.

* Avalokiteshvara is de Boeddha van Mededogen, de beschermheilige van Tibet. De Dalai Lama's worden beschouwd als de reïncarnatie of belichaming van Avalokiteshvara. De huidige Dalai Lama is de 14e in een overleveringslijn die 600 jaar terugvoert. De retraite omvat vaak 1.000.000 recitaties van de mantra van de Boeddha van Mededogen: Om Mani Padme Hum.

'Dit vers is voor mij persoonlijk een geweldige bron van inspiratie. Ik denk ook na over andere vergelijkbare verzen, zoals de lofzang op de Groene Tara die de eerste Dalai Lama, Gendun Drup, heeft geschreven, waar ik heel veel inspiratie uit put en dat mij sterkt in mijn toewijding aan het ideaal van altruïsme.

Ik reciteer deze verzen en denk erover na en neem mij voor mijn dag zoveel mogelijk te wijden aan het helpen van anderen. Daarna wek ik bewust de gedachte op dat ik in staat zal zijn mijn hele leven te wijden aan het volbrengen van dit ideaal. Denken aan de uitgestrektheid van tijd, waarnaar verwezen wordt in het gebed van Shantideva met de woorden "zolang er ruimte bestaat...", kan je echt enorm veel kracht geven. Die gedachte aan de uitgestrektheid van tijd, en zo'n toewijding op de lange termijn, maakt een enorm verschil.'

'Nu en dan kom je weleens in situaties terecht waarin je misschien een zekere tegenzin voelt en denkt: *o, ik moet dit doen, bah, wat vervelend.* Vandaag moest ik bijvoorbeeld de zitting van het Tibetaanse parlement-in-ballingschap bijwonen en eerst had ik het gevoel 'O, nu moet ik dat weer doen, wat vervelend,' maar toen herinnerde ik mijzelf er meteen aan dat dit ook deel uitmaakt van mijn dienstbaarheid, mijn werk voor het welzijn van andere levende wezens. Zodra ik die connectie maak, verdwijnt dat soort tegenzin en desinteresse onmiddellijk.'

'Dit is natuurlijk mijn manier om met zulke situaties om te gaan, maar dat geldt misschien niet voor iedereen.'

Tot op zekere hoogte is de manier waarop de Dalai Lama omgaat met verveling niet op iedereen van toepassing – weinigen van ons hebben immers een baan als boeddhistische monnik of leider van het Tibetaanse volk. Maar je kunt met even grote zekerheid stellen dat het onderliggende principe door ieder van ons kan worden toegepast: je kunt opnieuw enthousiasme opwekken en met frisse moed aan de slag gaan door na te denken over het hogere doel van je werk.

Toen ik hier verder op door wilde gaan, kwam er een andere gedachte in mij op. Zijn korte verwijzing naar zijn politieke taken herinnerde mij eraan hoe actief hij zich begeeft in de wereld. Ik dacht aan zijn vele verantwoordelijkheden, zijn veeleisende taken en hoe hard hij werkt. Hoe kon hij dan toch beweren dat hij geen werk heeft – de woorden 'ik doe niets' weerklonken nog steeds in mijn hoofd. Omdat hij had gesproken over een aantal van zijn werkzaamheden, hoopte ik dat dit misschien de kans bood om mijn nieuwsgierigheid te bevredigen omtrent de vraag hoe hij tegen zijn eigen werk aan kijkt, en te ontdekken hoe hij gelukkig blijft ondanks de zware last van zijn verantwoordelijkheden.

Hij had iets losgelaten over hoe hij omgaat met verveling. Velen van ons raken verveeld als we steeds hetzelfde moeten doen en niet voldoende uitgedaagd worden. Ik besloot de aandacht iets te verleggen en het onderwerp vanuit een andere invalshoek te benaderen, namelijk door hem te vragen hoe hij dacht over het belang van uitdaging in het werk. Hij had zelf de nodige problemen en uitdagingen het hoofd moeten bieden. Hij had mij gewaarschuwd dat zijn ervaringen als monnik of politiek leider misschien niet van toepassing waren op iedereen, maar ik wist dat hij zich ook met tal van andere activiteiten bezighield. Ik besloot een van zijn meer alledaagse bezigheden – namelijk zijn rol als leraar – ter sprake te brengen en dat te gebruiken om het onderwerp moeilijk en uitdagend werk te introduceren.

'Ik hoorde dat u pas terug bent gekomen uit Zuid-India, en het gerucht gaat dat u daar zeer moeilijke, heel ingewikkelde lessen heeft gegeven.'

'Ja, dat is waar,' zei hij lachend. 'Ik moest zelfs een heleboel huiswerk maken om mij voor te bereiden op die lezingen. Er waren bij dit onderricht zo'n 9000 monniken aanwezig, en velen van hen zijn uiteraard leerlingen die deze teksten bestuderen, dus ze hadden die onderwerpen nog vers in hun geheugen zitten. Bij mij zijn ze niet meer zo vers.'

'U moest dus een heleboel voorbereiden. Daar zult u vast hard voor hebben moeten zwoegen.'

'Zeker. Sinds ik erin had toegestemd om het onderricht te geven, bijna een jaartje geleden, zag ik er een beetje tegen op. Dus twee weken voordat ik vertrok, heb ik elke ochtend drie uur lang de teksten serieus gelezen en aantekeningen gemaakt. Ik moest elke dag vijf uur onderricht geven, en dat vijf dagen lang. Toen ik met de lessen begon, had ik op de eerste dag nog steeds kriebels in mijn buik, maar nadat ik van start was gegaan met de eerste les, voelde ik mij wat meer op mijn gemak. Ik had het gevoel: nu is het goed. En op de tweede dag, derde dag, vierde dag, begon ik mij elke dag iets beter te voelen.'

'Ik ben benieuwd of dat harde werken u een gevoel van voldoening gaf,' zei ik.

'Ja, op de laatste dag voelde ik zelfs een geweldige voldoening, een enorme opluchting. Ik ben klaar! Het lijkt erop dat hoe moeilijker het werk is, hoe meer voldoening je eraan overhoudt. Naarmate het onderricht vorderde, ging ik mij steeds minder zorgen maken over de vraag of het allemaal wel goed zou verlopen. En het wegvallen van die bezorgdheid resulteerde in een gevoel van voldoening. Dus als je momenteel iets heel lastigs moet doen, staat vast dat je later een bijzonder gevoel van voldoening zult ervaren – het geluk komt eraan. Ontberingen kunnen het zaadje, de voedingsbodem, van geluk vormen.'

'U heeft dus enorm afgezien en dat droeg bij aan uw gevoel van voldoening. Dan vraag ik mij af: vindt u dat werk uitdagend moet zijn om voldoening te kunnen schenken? Is dat een absolute vereiste voor voldoening op het werk?'

'Het is misschien beter om geen uitdagingen te hebben,' antwoordde hij.

'Hè?' Had ik hem wel goed verstaan? Hij had zojuist toegegeven dat je voldoening krijgt door het volbrengen van uitdagend werk. 'Maar daarnet zei u nog...'

'Er zijn altijd uitdagingen, het leven confronteert je voortdurend met uitdagingen,' legde hij uit. 'Ze zijn altijd aanwezig in het leven, we kunnen er niet omheen. We hebben geen extra problemen nodig. We moeten de uitdagingen die wij hebben daarom transformeren in een mogelijkheid...'

'Wat voor mogelijkheid?'

'De mogelijkheid om meer geluk te creëren,' legde hij uit. 'Wanneer je uitdagingen op je pad tegenkomt, zou je ze moeten verwelkomen, omarmen en beschouwen als een kans om jezelf te ontwikkelen, tot bloei te komen, uiteindelijk een groter gevoel van welzijn en geluk tot stand te brengen. Uitdagingen kunnen positief zijn voor jezelf en anderen.'

'Ik denk dat uitdagingen noodzakelijk zijn voor vooruitgang, om jezelf verder te ontwikkelen – of het nu gaat om geestelijk of fysiek werk. In de studie van het boeddhisme is discussie bijvoorbeeld een heel belangrijk middel om vorderingen te maken. We moeten vele uren lang ons standpunt presenteren, waarbij anderen onze zienswijze in twijfel trekken zodat wij daarop moeten reageren. Omdat je je voortdurend moet verdedigen, krijg je meer inzicht in je eigen standpunt. Als je alleen nadenkt over je eigen standpunt en niet bereid bent jezelf open te stellen voor tegengestelde zienswijzen, ontstaat er geen ruimte voor vooruitgang of verdere ontwikkeling. Het verwelkomen van uitdagingen draagt enorm bij tot het verscherpen van je geest. Zonder uitdagingen wordt je geest week. Niet?'

Ik knikte van ja. Op dit punt bestaat er overeenstemming tussen Oost en West: beide erkennen het belang van uitdagingen. Sterker nog, al in 1776 verwoordde Adam Smith, politiek econoom, filosoof en een toonaangevende figuur in de ontwikkeling van het westers kapitalisme, de opvattingen van de Dalai Lama. In zijn zeer invloedrijke *The Wealth of Nations* schreef hij dat iemand die zijn hele leven steeds dezelfde taken doet, de gewoonte verliest 'om zich in te spannen' en 'over het algemeen zo dom en onwetend wordt als maar mogelijk is voor een mens.'

Goed, misschien was mr. Smith iets extremer in zijn woordkeuze dan Zijne Heiligheid. Maar de Dalai Lama maakte zijn standpunt over uitdaging duidelijk toen hij vervolgde:

'Dus of we het nu hebben over geestelijke of lichamelijke activiteiten, een uitdaging kan stimulerend of bevorderlijk zijn voor ontwikkeling en creativiteit. In uitdagende omstandigheden maak je optimaal gebruik van je creatieve natuur. Terwijl in een situatie waarin alles gewoon routine is, zonder enige uitdaging, het gevaar bestaat van stagnatie, waardoor er geen verdere groei plaatsvindt. Maar,' hij lachte, 'als iemand je uitdaagt tot een duel op leven of dood, of als je wordt bedreigd, is het altijd verstandiger om weg te rennen. Dat soort uitdagingen kun je maar beter vermijden in plaats van omarmen. Als je bijvoorbeeld achterna wordt gezeten door een dolle hond, levert het omhelzen van die hond of die uitdaging weinig vreugde en voldoening op – je kunt beter wegrennen. En een dolle mug of wandluis vraagt uiteraard om harde tegenmaatregelen, dat is de enige manier om daarmee om te gaan!' Zijn lach stierf weg terwijl hij eraan toevoegde: 'Ik moet natuurlijk ook vermelden dat wanneer wij het hebben over de voordelen van uitdagingen op het werk, dat dit impliceert dat er een mogelijkheid bestaat om de uitdaging tot een goed einde te brengen, dat het werk of de taak niet zo lastig is dat je het onmogelijk voor elkaar kunt krijgen.'

'Laten we zeggen dat u een baan heeft zonder uitdagingen, heel saai werk waarvoor u elke dag komt opdraven, maar waarin u niets kunt met uw vaardigheden, uw talenten, uw intelligentie. Er is geen uitdaging aanwezig. Mensen zijn over het algemeen minder tevreden over hun werk in dat soort situaties. Zonder dat element van uitdaging voelen ze zich ongelukkiger op hun werk. Kunt u manieren bedenken voor het omgaan met werk dat geen uitdagingen biedt? Denkt u dat het een goede of slechte zaak is om uitdagingen te creëren om meer voldoening te krijgen in het werk?'

'Dat weet ik niet.' Hij lachte. 'Als iemand werkt aan een lopende band, elke dag hetzelfde doet, vaste taken heeft die weinig uitdaging vergen, heel saai en routinematig... Ik weet niet hoe je dan uitdagingen op dat werk moet creëren, tenzij je iets kapotmaakt of de machines saboteert!'

'Hoe dan ook, Howard, ik denk dat je moet inzien dat er onder mensen enorme verschillen bestaan in karakter en temperament. Sommige mensen, met name de intelligentere mensen, houden vaak van intellectuele uitdagingen en het oplossen van problemen, maar ze houden misschien niet van werk dat fysieke inspanningen vergt. Anderen vinden het misschien fijner om een minder uitdagende baan te hebben. Zo heb ik ooit een Tibetaanse ex-monnik ontmoet die graag heel eenvoudig werk doet, fysieke arbeid, routinematig met steeds dezelfde taken waarbij je niet te veel moet nadenken. En tijdens dat werk denkt hij graag na over de *dharma**,

* Het woord dharma heeft tal van betekenissen. Met dharma wordt vaak de leer van de Boeddha bedoeld, waaronder zowel de schriftelijke traditie als de leefwijze en spirituele realisaties die voortkomen uit de toepassing van de leer. Soms gebruiken boeddhisten het woord in algemene zin – als verwijzing naar spirituele of religieuze oefeningen in het algemeen, de universele wet [van oorzaak en gevolg, vert.] of de ware aard van verschijnselen – en de term boeddha-dharma om specifiek te verwijzen naar de principes en oefeningen van het boeddhistische pad. Het Sanskritische woord dharma is afgeleid van de etymologische wortel 'dhr', wat 'houden' betekent, en in deze context heeft het woord een ruimere betekenis: elk gedrag of inzicht dat dient om iemand 'af te houden' van of te beschermen tegen het lijden en de oorzaken van lijden.

over dharmische ideeën. Dat werk geeft zijn geest de vrijheid om over andere dingen na te denken.'

'Als ik zeg dat deze monnik liever werk doet dat geen uitdaging vormt, is het belangrijk te onthouden dat wij op allerlei terreinen van ons leven uitdagingen tegenkomen. Als spiritueel beoefenaar of iemand die ernaar streeft universeel mededogen te ontwikkelen, kun je het bijvoorbeeld als een uitdaging zien om met medegevoel en mededogen op je vijanden te reageren. Vriendelijk handelen, en zelfs genegenheid tonen voor je vijanden, dat is nog eens een uitdaging! Maar als je dat lukt, en daar uiteindelijk zelfs de positieve resultaten van ziet, dan zal er een ongelooflijk gevoel van voldoening en geluk ontstaan. Voor mensen die mededogen willen beoefenen, is het een grote uitdaging om mededogend te reageren op het lijden van de armen, zwakken, daklozen en mensen die verstoken zijn van hulp. Uitdaging hoeft niet noodzakelijkerwijs iets hinderlijks of negatiefs te betekenen. Een taak vormt ook geen uitdaging als het iemand helemaal niets kan schelen. Zo vormt het lijden van de armen misschien geen uitdaging voor iemand die zich er gewoon niets van aantrekt. Maar voor iemand die mededogen beoefent, is het wel degelijk een uitdaging. Dus ik denk dat er altijd individuele verschillen zullen bestaan in wat iemand wel of niet als een uitdaging beschouwt, alsook in de grootte van de uitdaging die men het liefst wil aanpakken. Dus,' besloot hij, 'wanneer je het hebt over werk, denk ik dat het belangrijk is om te onthouden dat er altijd zoveel verschillende soorten mensen zullen zijn, dat je niet categorisch kunt zeggen of uitdagend werk beter is dan niet-uitdagend werk. Dat weet ik niet. Dat hangt van de persoon af.' Hij pauzeerde en begon te gniffelen. 'Persoonlijk vind ik geen uitdaging beter, want zonder uitdaging kun je gewoon gaan liggen en uitrusten. Een uiltje knappen.'

'Even serieus, denkt u echt dat als je werk geen enkele uitdaging biedt je nog steeds een gevoel van plezier en voldoening uit dat werk kunt putten?' vroeg ik.

'Ik denk niet dat uitdaging een absolute vereiste is voor plezier en voldoening. De natuurlijke expressie van vriendelijkheid en genegenheid in de omgang met anderen, vergt bijvoorbeeld geen inspanning. Je hebt daar geen hoop uitdagingen voor nodig, maar je krijgt er wel een hoop voldoening voor terug.'

'Dat is waar,' gaf ik toe.

Edwin Locke, emeritus hoogleraar in Leiderschap en Motivatie aan de universiteit van Maryland, College Park, heeft in zijn samenvatting van de laatste bevindingen van sociologen gezegd: 'Onderzoek toont steeds aan dat geestelijke uitdaging – aangenomen dat men bereid is op die uitdaging in te gaan – een doorslaggevende factor is bij arbeidsvreugde.' Ondanks de overduidelijke link tussen uitdaging en tevredenheid op het werk, wijst professor Locke erop dat de bereidheid om de uitdaging aan te gaan ook een belangrijke factor vormt. En hier komen de individuele verschillen om de hoek kijken – zoals de Dalai Lama terecht heeft aangegeven, kunnen er individuele verschillen bestaan in de mate waarin iemand uitdagingen nodig heeft, of bereid is uitdagingen aan te gaan. Sommigen fleuren misschien op bij zeer uitdagend werk, terwijl anderen niet zo snel bereid zijn uitdagend werk aan te nemen. In de zoektocht naar geluk op de werkvloer moet ieder van ons zelf beslissen hoe groot de uitdaging dient te zijn om te zorgen voor optimale groei en voldoening.

Zoals de Dalai Lama opmerkte, is het met liefde en genegenheid omgaan met anderen een grote bron van voldoening die moeiteloos tot stand lijkt te komen. Het leven biedt zelfs een heleboel momenten van voldoening, die spontaan kunnen opkomen en moeiteloos lijken te verlopen, die zich kunnen voordoen terwijl we met andere dingen bezig zijn. En ook ons arbeidsleven kent dergelijke momenten.

Vele jaren geleden vertelde een van mijn scheikundeleraren over een ervaring die hij had terwijl hij in zijn laboratorium werkte. 'Ik zat midden in een lastig, maar interessant experiment dat deel uitmaakte van mijn onderzoek. Na 's ochtends rond halfelf een koffiepauze te hebben genomen, zette ik mijn beker neer en hervatte mijn werk. Na naar mijn idee vijf of tien minuten kwamen een paar van mijn studenten het lab binnen en begonnen mij vragen te stellen. Ik was net bezig aantekeningen te maken, dus ik wilde liever niet stoppen met wat ik aan het doen was, en ik voelde een lichte irritatie omdat ze mij lastigvielen, net op het moment dat ik begon. Ik had pas uren later met hen had afgesproken, om halfvier. Hoe dan ook, ik legde mijn werk neer en keek op de klok. Het was bijna vier uur. Ik had meer dan vijf uur gewerkt, en toch leek het alsof de tijd had stilgestaan, en het kostte mij geen enkele moeite. Ik was niet moe, ik bruiste nog van energie. Ik kan mij niet meer herinneren wat ik al die tijd had gedaan, maar toen ik naar mijn aantekeningen keek, zag ik dat ik enorme vooruitgang had geboekt met een zeer lastig probleem. Ik was volledig opgegaan in wat ik deed. Ik kon het niet geloven. Die avond had ik een enorm gevoel van voldoening, en bezat ik een soort energie die nog dagen in mijn lichaam leek rond te stromen.'

De professor had een perfecte omschrijving gegeven van flow tijdens het werk, hoewel ik die term pas vele jaren later voor het eerst hoorde. Het begrip flow werd geïntroduceerd door psycholoog en socioloog Mihaly Csikszentmihalyi (spreek uit: stjik-SENT-mie-hei) en in de afgelopen dertig jaar heeft dr. Csikszentmihalyi dit concept onderzocht en nader uitgewerkt. De term flow beschrijft een geestestoestand die de meesten van ons ooit weleens hebben ervaren. In flow zijn betekent dat je volledig opgaat in wat je op dat moment doet. Het gebeurt wanneer je je volledig bewust bent van en compleet gericht bent op de taak die je uitvoert. Je kunt in flow zijn terwijl je basketbalt, beeldhouwt, een lastige wiskundige berekening maakt, een zakentransactie afsluit, rotsen beklimt, of gewoon diep in gesprek bent met een vriend of geliefde. Flow kan in feite tijdens elke menselijke activiteit voorkomen, hetzij op het werk of in je vrije tijd, hetzij bij een hoofdzakelijk fysieke, geestelijke of sociale activiteit.

Hoewel flow kan voorkomen onder allerlei verschillende omstandigheden, hebben onderzoekers ontdekt dat de kenmerken van deze toestand gelijksoortig zijn: bij elke activiteit komen dezelfde kenmerken voor. Het ontstaan van deze toestand is afhankelijk van een specifieke reeks voorwaarden. Flow doet zich voor wanneer we bezig zijn met iets wat wij belangrijk vinden, wat zinvol is voor ons, wat wij de moeite waard vinden. Flow komt eerder voor wanneer de activiteit een duidelijk doel heeft en wij onmiddellijk enige feedback krijgen over onze vorderingen naarmate de activiteit zich ontvouwt. De taak moet uitdagend zijn en enige vaardigheid vergen, maar er moet net het juiste evenwicht bestaan tussen de uitdaging en onze capaciteiten – mensen die 'flowen' hebben het gevoel dat de taak waaraan ze werken ervoor zorgt dat ze hun vaardigheden ten volle kunnen benutten. Ook al is het project een uitdaging en vergt het bepaalde vaardigheden, op het moment zelf lijkt alles moeiteloos te verlopen. Als we in flow zijn, verrichten we de activiteit alleen voor de verrichting zelf, niet voor enige beloning die we mogelijk ontvangen. De taak op zichzelf geeft voldoening.

'Weet u, een van de redenen waarom ik het onderwerp van uitdaging op het werk ter sprake bracht,' zei ik tegen de Dalai Lama, 'is omdat het betrekking heeft op een begrip dat tegenwoordig vaak in de psychologische literatuur lijkt op te duiken, namelijk het begrip flow. Uitdaging is een van de vereiste factoren voor het ontstaan van deze flowtoestand. Dit concept wordt steeds vaker genoemd in artikelen over menselijk geluk, en deze toestand kan zich gewoonlijk voordoen op het werk. Bent u bekend met het begrip flow?'

'Nee,' antwoordde de Dalai Lama. 'Kun je mij uitleggen wat ermee wordt bedoeld?'

'Kort gezegd verwijst het naar een specifieke geestestoestand die ontstaat wanneer onze aandacht volledig gericht is op de specifieke taak of het project waarmee we op dat moment bezig zijn. Het is een staat van opperste concentratie en grote betrokkenheid bij de activiteit. Als je in flow bent, verlies je elk besef van tijd, het lijkt of de tijd stopt en je leeft volledig in het nu, je denkt niet aan het verleden of de toekomst. Je gaat zo op in wat je doet dat je zelfs het gevoel van een zelf of identiteit verliest, je ik verdwijnt, er zijn geen ik-gedachten zoals "ik doe dit" of "ik voel dat".

'Hoe dan ook, terwijl je bezig bent, krijg je ook het gevoel dat alles moeiteloos verloopt, het gevoel dat je datgene wat je doet volledig onder controle hebt. Neem bijvoorbeeld proftennissers. Die oefenen jarenlang om hun spel te verbeteren, en dan staan ze in een wedstrijd tegen een lastige tegenstander. Ze komen dan in een situatie terecht waarin ze al hun vaardigheden, hun training en capaciteiten moeten inzetten om de uitdaging van de tegenstander aan te gaan en een soort evenwicht te creëren. Hun lichaamsbewegingen en hoge staat van concentratie dragen allemaal bij tot het ontstaan van de flowtoestand.'

'Hoewel flow zich kan voordoen bij elke activiteit, hebben enkele onderzoekers ontdekt dat Amerikanen vaker flow ervaren op het werk dan in hun vrije tijd. Sommige van deze onderzoekers denken dat mensen meer flow op het werk ervaren omdat we daar waarschijnlijk meer uitdagingen tegenkomen of kansen krijgen om problemen op te lossen, onze vaardigheden moeten gebruiken, en omdat het een omgeving is die ons aanmoedigt ons te concentreren op de taak die we onderhanden hebben.'

'Als u bijvoorbeeld een lezing geeft voor een groot publiek en de leerstof is uitdagend, het is moeilijk materiaal, maar u heeft zich voorbereid, u heeft gestudeerd, u heeft bepaalde vaardigheden, vermogens en kennis op uw gebied ontwikkeld, waardoor u in staat bent die lezing te geven en als u dan in een flowtoestand verkeert, denkt u niet: *ik ben de Dalai Lama*. U verliest dan alle besef van tijd en zelf.'

De Dalai Lama had aandachtig geluisterd. 'Die geestelijke concentratie waarnaar je verwijst, waarin je volledig opgaat met wat je op dat moment doet, klinkt als een toestand van de geest die in de boeddhistische psychologie "meditatief evenwicht" wordt genoemd. Ik geloof dat wij het allemaal in ons hebben om het vermogen te ontwikkelen onze aandacht langdurig op een bepaald voorwerp of een bepaalde activiteit te richten. Een van de kenmerken van zo'n geconcentreerde geest is dat je volledig opgaat in de gekozen activiteit. In sommige gevallen kan de diepte van de concentratie zelfs niet ondermijnd worden door storende elementen in de directe omgeving. Ik heb mensen gekend die zo'n geestestoestand hadden bereikt. Gen Nyima-la, een van mijn vroegere leraren, had bijvoorbeeld een verbazingwekkend concentratievermogen. Als hij in diepe meditatie ging, zag ik vaak dat zijn gelaatsuitdrukking zichtbaar veranderde. Wanneer hij in die toestand verkeerde, vergat hij bijna alles om zich heen. Als een leerling een kop thee voor hem kwam inschenken of iets dergelijks, merkte hij dat niet eens. Zijn geest loste volledig op in zijn meditatie. Volgens mij is dat wat jij met flow bedoelt.'

Ik onderbrak hem. 'Ja, dat klinkt als iets vergelijkbaars. Als iemand aan het werk is, en in de flowtoestand verkeert, bereikt hij of zij een punt waarop hij of zij volledig opgaat in het werk puur om het werk. De persoon is zo geconcentreerd op zijn werk dat hij het niet doet voor het geld of om beroemd te worden, verder te komen in zijn carrière – hij doet het zelfs niet voor het belang van de samenleving. Hij is gewoon zo betrokken bij en gericht op het werk dat het werk op zich een bron van vreugde wordt. Mijn vraag aan u is: heeft u enige adviezen over hoe we die toestand op het werk kunnen bereiken?'

'Allereerst, als je voldoening zoekt in je werk, denk ik niet dat het mogelijk is om voldoening te voelen op het moment dat je in die staat van "eenpuntige" concentratie verkeert, want voldoening is een andere geestestoestand dan de toestand van totale absorptie die je beschrijft.'

'Daar heeft u een goed punt. Sterker nog, uit onderzoek blijkt precies hetzelfde. Als iemand in die flowtoestand verkeert, zie je die persoon niet glimlachen en denken hoe gelukkig hij is en hoeveel plezier hij heeft. Het gevoel van voldoening komt later. U heeft dus gelijk. Maar toch wil ik u vragen of er, vanuit uw perspectief, methoden zijn om de voorwaarden te scheppen voor die flowtoestand op het werk, ongeacht wat iemand doet.'

De Dalai Lama dacht een tijdje na en zei toen: 'Veel oude spirituele tradities erkennen de waarde van zo'n geconcentreerde geest. In sommige van die tradities, waaronder het boeddhisme, vind je zelfs praktische methoden voor het ontwikkelen en verfijnen van een evenwichtige geest. Dus ik denk dat enige beoefening van eenpuntige meditatie waarschijnlijk nuttig kan zijn.* Want bij eenpuntige meditatie kies je een bepaald object en probeer je je geest daarop te richten. Misschien helpt dat om te leren hoe je je geest op iets moet richten, en dat kan je vertrouwd maken met een dergelijke geconcentreerde geestestoestand.'

De Dalai Lama vervolgde: 'Dan heb je natuurlijk ook nog andere factoren die de kans om zo'n toestand te bereiken zouden kunnen vergroten. Je hebt bijvoorbeeld gezegd dat flow ontstaat wanneer iemand uitdagend werk doet of een of ander probleem oplost, wanneer je je vaardigheden en vermogens moet gebruiken om die uitdaging het hoofd te bieden. Het is dus afhankelijk van je vaardigheden en je kennis betreffende de taak die je moet vervullen. Dit duidt erop dat je die flowtoestand kunt vergroten door je vertrouwd te maken met het werk of onderwerp in kwestie. Misschien moet je constant studeren en ervaring opdoen, gewend raken aan een bepaalde denkwijze of het verrichten van een of andere taak.'

'En er kan nog een andere factor in het spel zijn. Ik denk dat je sneller in die flowtoestand terechtkomt als je al veel belangstelling hebt voor het onderwerp of het soort werk dat je moet doen. Gen Nyima-la was bijvoorbeeld erg geïnteresseerd in en vertrouwd met de onderwerpen waarop hij zich concentreerde.'

* Zie bijlage voor instructies betreffende eenpuntige meditatie.

'Maar ik denk dat de toestand die je beschrijft, waarin je elk besef van tijd of zelfs je identiteit verliest, ook in een andere context of onder andere omstandigheden kan optreden. Ik denk niet dat het noodzakelijkerwijs verband houdt met een gelukkige of positieve gesteldheid van de geest. Ik denk dat het zowel met gelukkige als ongelukkige geestestoestanden kan worden geassocieerd. Als je bijvoorbeeld volledig in de greep bent van angst en verlamd raakt door die gewaarwording, kun je soms elk besef van tijd verliezen. Als ik onderricht geef over een tekst, en ik geniet van de ervaring van het lesgeven, dan kan ik vaak ook elk besef van tijd verliezen. Tegelijkertijd gebeurt het tegenovergestelde: als ik punten tegenkom die extreem moeilijk zijn en ik met mijn commentaar worstel, dan lijkt het of de tijd heel traag verloopt. Dus dit verschijnsel, dat de tijd stil lijkt te staan of juist sneller of langzamer lijkt te verlopen, kan voorkomen wanneer je geest volledig ontspannen en vreugdevol is, wanneer je geheel geconcentreerd en diep verzonken bent in een discursieve analyse, maar ook wanneer je geest in de greep komt van negatievere emoties zoals angst. Een van de onmiskenbare kenmerken van deze ervaring is dat je je totaal niet bewust bent van wat er in je directe omgeving gebeurt.'

'Het kan dus voorkomen,' ging hij verder, 'dat je heel bang wordt, bijna doodsbang, maar tegelijk volledig geconcentreerd blijft, zonder enig besef van de wereld om je heen. Je kunt in dat geval in een toestand raken waarin je elk besef van identiteit, tijd, plaats enzovoort verliest, je leeft dan volledig in het moment, maar dat is onvrijwillig. Het komt niet voort uit je interesse in of betrokkenheid bij een interessant probleem of werk. Het komt voort uit angst, heel veel angst, het lijkt haast of je in shock bent.'

'Ik zat te denken... toen ik uit Tibet vluchtte nadat de Chinese communisten mijn geboorteland waren binnengevallen, was ik zo bang dat ik misschien wel eventjes die flowtoestand heb ervaren,' zei hij lachend. 'Mijn geest was leeg, zonder gedachten.' Hij bleef lachen. 'Ik weet ook nog dat ik als zevenjarige bij een enorme bijeenkomst, ik denk dat er wel een paar duizend monniken aanwezig waren, een gebed reciteerde dat ik uit mijn hoofd had geleerd. Er zaten dus duizenden monniken voor mij, en ook een paar hoge regeringsfunctionarissen. Ik was compleet... ik hoop dat ik het juiste woord gebruik... ontsteld. Ik kon niet eens meer denken. Ik had het zo goed geleerd. In de paar maanden ervoor had ik de recitatie dagelijks geoefend. Dus toen ik eenmaal aan het gebed begon, ging dat erg vlot, en omdat ik zo goed had geoefend ging het automatisch. Maar opeens kon ik me niets meer herinneren. Na twee of drie minuten werd er een pauze ingelast, en toen zag ik een paar duiven voor mij in het rond fladderen. Ik zag de *umze*, de leraar die mij had geleerd het gebed te zingen. En toen sloeg de angst mij om het hart. Wanneer ik daar nu op terugkijk, heeft de angst die ik toen voelde mij misschien jaren van mijn leven gekost.'

'Nou,' reageerde ik, 'volgens mij zijn een black-out, waarbij je verlamd wordt door angst, en de flowtoestand niet hetzelfde. Ik moet toegeven dat ik beslist geen deskundige ben op het gebied van flowonderzoek. Maar ik vermoed dat als ze een PET-scan of EEG zouden maken om uw hersenactiviteit te meten terwijl u een gebed reciteert ten overstaan van duizenden monniken (en kampt met een extreme vorm van plankenkoorts), en opnieuw een scan zouden maken onder andere omstandigheden (waarin u volledig opgaat in uw werk en in de flowtoestand terechtkomt), dat je dan twee verschillende resultaten zou krijgen. En dat dan blijkt dat er twee verschillende delen van de hersenen worden geactiveerd. Al is het alleen maar omdat je in een flowtoestand heel ontspannen kunt zijn, het is een rustige toestand...'

'Je bent echt dol op die flow, Howard!' riep de Dalai Lama met een geamuseerd lachje.

'Nou ja, ik wil het niet doodknuffelen, maar het lijkt de laatste tijd vaak ter sprake te komen, vooral als je de nieuwste theorieën over geluk leest. En een deel van die literatuur lijkt deze flowstaat te omschrijven als welhaast een soort piekervaring voor mensen, eentje die groei bevordert en waarmee je je menselijk potentieel volledig kunt verwezenlijken.'

'Weet je wat het is met theorieën,' mijmerde hij, 'ze zijn een tijdje enorm populair, iedereen heeft het er dan over, en dan worden ze vervangen door een andere theorie. Maar ik begrijp het verschil in wat je beschrijft. Als ik het dus goed begrijp, betekent flow dat de tijd voorbij lijkt te vliegen. En ook dat je iets vrijwillig onderneemt. En dat het iets interessants is, iets wat je graag wilt doen en waarin je jezelf vervolgens helemaal kunt verliezen.'

'Dat klopt,' zei ik.

'In dat geval kunnen, zoals ik eerder heb gezegd, sommige dingen, zoals bepaalde vormen van eenpuntige of ook analytische meditatie, nuttig zijn. Maar hoe aangenaam die flowtoestand ook mag zijn, ik denk niet dat het de belangrijkste bron van vreugde, voldoening of geluk is.'

Ik dacht terug aan de eerste keer dat ik mijn oude scheikundeleraar die staat van volledige onderdompeling in zijn werk hoorde beschrijven, dat je je besef van tijd en identiteit volledig verliest. Zelfs nu klonk het mij nog verdomd goed in de oren.

'Waarom denkt u dat?' vroeg ik.

'Allereerst omdat je niet constant in die toestand kunt verblijven. Door onze discussies en door het boek waaraan we werken, proberen wij een andere soort flow te creëren. Eentje die je vierentwintig uur per dag kunt volhouden. Dat is ons voornaamste doel: met iets voor de dag komen wat wij kunnen gebruiken, zelfs als we een moeilijke periode doormaken. Elementen die wij kunnen gebruiken om onze geest rustig en gelukkig te houden, ook al gaan er dingen fout. Dat proberen we te bereiken.'

'Dus zelfs al ontleen je aan die flow tijdelijk een soort geluksgevoel, het is niet iets wat blijvend is. Wat wij echt nodig hebben, is een blijvende bron van voldoening of geluk. Als we bijvoorbeeld spreken over tantrische beoefeningen voor de ontwikkeling van grote gelukzaligheid, dan zijn zelfs die hele hoge staten van extase en gelukzaligheid niet vierentwintig uur per dag vol te houden. Daarom denk ik dat die flowtoestand niet betrouwbaar of duurzaam is, en ik denk dat het veel belangrijker is om via het werk andere bronnen van vreugde te ontwikkelen, die totstandkomen door de training van je geest, het veranderen van je zienswijze en houding, het integreren van menselijke basiswaarden in je werk. Als je op het werk moet omgaan met destructieve emoties, is het verminderen van woede, jaloezie, hebzucht enzovoort, en het betrachten van onder meer vriendelijkheid, mededogen en tolerantie in relaties met anderen, een veel grotere en betrouwbaardere bron van vreugde dan simpelweg proberen zoveel mogelijk te "flowen".'

Flow is omschreven als een optimale ervaring, en als je geluk op je werk zoekt, is het niet moeilijk om te begrijpen dat een toestand waarin het werk beloning op zich is, geassocieerd met een diep gevoel van voldoening, een grote aantrekkingskracht uitoefent. Maar de Dalai Lama stelt een cruciale vraag: hoe betrouwbaar is de flowtoestand als voornaamste bron van geluk en voldoening op het werk?

De avond na ons gesprek over flow, dacht ik na over wat de Dalai Lama had gezegd. Ik herinnerde mij opeens een deel van het verhaal van de scheikundeleraar dat ik gemakshalve was vergeten. Toen de leraar zijn ervaring had beschreven, had ik hem gevraagd of hij zoiets ooit eerder had meegemaakt. 'Zeker,' antwoordde hij, 'in de afgelopen paar jaar is het mij zo'n vijf keer overkomen.' De flowtoestand liet, zoals de Dalai Lama opmerkte, duidelijk iets te wensen over als de voornaamste bron van geluk en voldoening. Volgens een Gallup-enquête ervaart ongeveer eenvijfde van de Amerikaanse werknemers enige mate van flow op een dagelijkse basis, waarbij flow werd gedefinieerd als een toestand waarin je zo volledig in beslag wordt genomen door je werk dat je de tijd vergeet. Maar meer dan eenderde gaf aan dat ze het zelden tot nooit ervaren. Die cijfers zijn niet uniek voor Amerikaanse werknemers. Bij een landelijke enquête in Duitsland trof men onder Duitse werknemers dezelfde verhoudingen aan. Onderzoekers hebben diverse methoden gebruikt om de ervaring van flow in het dagelijks leven te kwantificeren. Of ze nu gebruikmaakten van kwalitatieve interviews na de ervaring, schriftelijke toetsen of 'realtime' metingen met behulp van ESM (Experience

Sampling Method); er is geen twijfel mogelijk dat flow met tussenpozen voorkomt, normaal gesproken alleen tijdens korte periodes, en het is niet iets wat een individu de hele werkdag kan volhouden. Zoals met de meeste andere menselijke eigenschappen, varieert flow aanzienlijk van persoon tot persoon – sommige mensen zijn gevoeliger en anderen minder gevoelig voor de ervaring van flow.

Tijdens onze gesprekken over menselijk geluk, hetzij op het werk of in de vrije tijd, herinnerde de Dalai Lama mij er ooit aan dat er verschillende niveaus en categorieën van geluk bestaan. In één gesprek, dat in ons vorige boek, *De kunst van het geluk*, werd opgenomen, maakte hij onderscheid tussen twee soorten menselijke voldoening: genot en geluk. Genot kan zeker tijdelijk een soort geluksgevoel opleveren en intense emoties oproepen. Hij legde uit dat genot ontstaat op grond van zintuiglijke ervaringen, maar omdat het afhangt van externe omstandigheden vormt het een onbetrouwbare bron van geluk. Hij merkte op: 'Het ware geluk houdt meer verband met de geest en het hart. Geluk dat voornamelijk afhangt van fysiek genot is onevenwichtig; de ene dag is het er, de andere dag is het misschien weg.' Volgens de Dalai Lama is het ware geluk verbonden met het gevoel dat het leven zinvol is, en het ontstaat op grond van het bewust ontwikkelen van bepaalde opvattingen en zienswijzen. Je kunt dit type geluk bereiken door de geest systematisch te trainen. Bij die training ontdoe je jezelf van destructieve geestestoestanden, zoals haat, vijandigheid, jaloezie of hebzucht, en ontwikkel je bewust de tegengestelde geestestoestanden van vriendelijkheid, tolerantie, tevredenheid en mededogen. Het duurt misschien langer om het ware geluk op te wekken, en het vergt enige inspanning, maar dat geluk kan ons blijvend tot steun zijn, zelfs onder de moeilijkste omstandigheden in het dagelijks leven.

Hiermee komen we terug op flow. Bij de beschrijving van het soort voldoening of geluk dat met de flowtoestand wordt geassocieerd, maken de meeste onderzoekers een vergelijkbaar onderscheid tussen genot en geluk, en ze plaatsen flow regelrecht in de tweede categorie. Ze zien genot hoofdzakelijk als de bevrediging van biologische behoeften, en onderscheiden de flowervaring van genot door er een ander etiket op te plakken en het 'voldoening' of 'vreugde' te noemen. Voor deze wetenschappers ontstijgt de waarde van flow het gevoel van innerlijke voldoening die je ervaart in de paar minuten of uren dat je in die toestand verkeert. Volgens onderzoekers Jeanne Nakamura en Mihaly Csikszentmihalyi spoort de ervaring van flow iemand aan om door te gaan met en steeds terug te keren naar een activiteit omdat dit de belofte inhoudt van voldoening, zodat flow in de loop der tijd bijdraagt aan de ontwikkeling van je vaardigheden. Het wordt daarmee een kracht die ons aanspoort te groeien en ons menselijk potentieel te verwezenlijken.

Maar de Dalai Lama gaat nog een stapje verder. Hoewel hij erkent dat de flowtoestand enige waarde heeft, denkt hij dat wij de motivatie van flow niet nodig hebben om te groeien – we kunnen regelrecht op het doel afgaan en direct het geluk najagen waarnaar wij op zoek zijn. Je begint door je volledig bewust te worden van het belang van de menselijke basiswaarden, die naar zijn mening de bron van het ware geluk vormen, hetzij op het werk of thuis. Waarden als vriendelijkheid, tolerantie, mededogen, eerlijkheid, vergiffenis. Als we volledig overtuigd zijn van het belang van deze menselijke kwaliteiten, kunnen we onze geest gaan trainen en onze opvattingen en zienswijzen veranderen.

In dit licht bezien was mijn voormalige scheikundeleraar niet bepaald het uithangbord van de gelukkige werknemer. Hoewel hij een briljant geleerde, productief schrijver en deskundig onderzoeker was, stond hij ook bekend als humeurig, ongeduldig en veeleisend. Hij was niet geliefd. Veel van zijn studenten zagen ertegen op om met hem samen te werken. Hij werkte liever alleen in zijn laboratorium en had weinig belangstelling voor lesgeven, dat hij vaak overliet aan zijn assistenten in opleiding.

In hetzelfde departement werkte echter een andere hoogleraar aan wie ik in de loop der jaren vaak heb teruggedacht. Hij was zonder twijfel minder deskundig dan zijn collega en genoot weinig erkenning van zijn vakgenoten. In wat voor werk hij zich ook verdiepte, hij werd snel afgeleid – als een student onverwacht langskwam, was hij altijd bereid te stoppen met wat hij deed en een praatje te maken. En meestal veranderde het onderwerp van het gesprek al vrij snel van scheikunde in honkbal of de nieuwste films. Het stond buiten kijf dat deze man waarschijnlijk geen wereldschokkende ontdekkingen zou doen, en ik denk dat je met grote zekerheid zou kunnen stellen dat hij de flowtoestand nog nooit had ervaren. Maar hij had talent voor lesgeven. Hij kon goed overweg met zijn studenten en wist menig leerling oprecht te interesseren voor scheikunde, ook al vonden velen het onderwerp in het begin te moeilijk en te saai; een dodelijke combinatie. Zijn studenten droegen hem op handen en voor velen werd hij een mentor, die zijn studenten ook buiten het klaslokaal wist te inspireren en aan te sporen. Ik kon mij gemakkelijk voorstellen dat hij in zijn veertigjarige loopbaan talloze studenten had geïnspireerd met zijn vriendelijkheid, zijn bereidheid om te helpen en de oprechte interesse die hij had voor de carrière van zijn leerlingen, ook al hadden sommigen scheikunde alleen gekozen omdat het vereist was voor een andere studierichting. Ik ben zeker niet de enige die vele jaren later liefdevol aan hem terugdenkt. Het laat zich raden welke leraar een gelukkiger leven had, zowel thuis als op het werk.

Ik zag de assistent van de Dalai Lama en een paar stafleden rondhangen op de veranda en keek op mijn horloge. Ik realiseerde mij dat mijn twee uur waren verstreken. Het leek of we nog maar net waren begonnen. Blijkbaar was ik bij de discussie over flow zelf ook in een flowtoestand beland. Ook de Dalai Lama leek geen haast te hebben om het gesprek te beëindigen. Hij pauzeerde enige ogenblikken alsof hij volledig in gedachten verzonken was.

Ten slotte nam hij het woord en voegde een nieuwe dimensie toe aan onze discussie. 'Als we het over dit soort dingen hebben, is het volgens mij belangrijk om het grotere geheel niet te vergeten. We concentreren ons nu op een discussie over werk en hoe zich dat verhoudt tot geluk, en we kunnen natuurlijk verder praten over hoe je gelukkiger wordt op je werk. Maar het is absoluut mogelijk dat iemand heel routinematig werk heeft, werk dat misschien niet uitdagend en zelfs saai is, en toch gelukkig kan zijn. Daar zijn volop voorbeelden van in de wereld. In die gevallen hebben mensen misschien andere bronnen van vreugde en voldoening, ze zullen zich niet verlaten op hun werk als de voornaamste bron van voldoening.'

'Neem het voorbeeld van iemand die heel saai routinewerk doet, hij werkt elke dag van 's ochtends vroeg tot 's avonds laat. Als het werk de enige bron van voldoening zou zijn voor die persoon, als zulke mensen geen leven hebben buiten hun werk, weinig tijd doorbrengen met familie en vrienden, en zelfs geen vriendschappen op hun werk sluiten, dan denk ik dat er een ongelukkig gevoel kan ontstaan en er uiteindelijk zelfs geestelijke problemen kunnen ontstaan. Stel nu dat iemand anders hetzelfde saaie routinewerk doet, maar wel interesses heeft buiten zijn werk, tijd doorbrengt met zijn familie, uitgaat met vrienden, dan voelt die persoon zich gelukkiger. Ook al hebben ze geen van beide interessant werk, ze kunnen nog wel een interessant leven leiden. In dat geval gebruiken ze hun werk misschien alleen als een middel om geld te verdienen, maar ontlenen ze hun vreugde en voldoening hoofdzakelijk aan andere dingen in hun leven.'

'Dus een gelukkig leven is afwisselend, moet één geheel vormen en compleet zijn. Je moet je niet alleen concentreren op werk en geld. Dat is belangrijk.'

Hoezeer we ook genieten van ons werk, vroeg of laat komt er een periode waarin wij minder enthousiast worden over onze baan, mogelijk raken we een beetje verveeld, misschien voelen we enige onvrede. Ons werk geeft ons niet meer het gevoel van vreugde en voldoening zoals vroeger het geval was. Dit kan soms een keerpunt in onze carrière vormen. Velen zien dat gebrek aan enthousiasme als een signaal, een teken dat we misschien de verkeerde carrière, het verkeerde vak, hebben gekozen, en dat het tijd is om een nieuwe baan te zoeken, werk dat opnieuw de vreugde en opwinding in ons wakker roept die we ooit ervoeren. En ja, soms is dat het geval, maar voordat je meteen de advertenties in de krant doorploegt, kan het verstandig zijn even de tijd te nemen om je situatie te beoordelen. Zoals de Dalai Lama opmerkt, is het ervaren van periodieke verveling op het werk heel menselijk. Het is normaal. Wanneer zijn oefeningen een tikkeltje saai worden, hangt hij niet meteen zijn monnikspij aan de wilgen, althans nog niet. We zien hier het principe van *aanpassing* aan het werk, een aangeboren eigenschap van mensen, een voldoende bewezen kenmerk van het mens-zijn dat uitvoerig is bestudeerd en gedocumenteerd door psychologen. Ongeacht wat het leven voor ons in petto heeft, goed of slecht, er is een neiging om gewend te raken aan onze omstandigheden. Toen we hier in een later gesprek kort op terugkwamen, merkte de Dalai Lama op:

'Mensen zijn geneigd gewend te raken aan dingen, en soms kunnen ze hun enthousiasme verliezen. Bijvoorbeeld, in het eerste jaar dat iemand een baan kreeg, was dat wellicht een bijzonder vreugdevolle gebeurtenis en die prestatie gaf hem of haar misschien een gevoel van voldoening. Maar datzelfde werk kan in het tweede jaar een totaal andere reactie aan de desbetreffende persoon ontlokken.'

Het aanpassingsprincipe geeft aan dat ongeacht de mate van succes of voorspoed die wij genieten, of ongeacht de tegenspoed of dramatische gebeurtenissen die wij meemaken, wij ons vroeg of laat aanpassen aan de nieuwe omstandigheden en uiteindelijk terugkeren naar ons gebruikelijke geluksniveau van dag tot dag, van moment tot moment. Uit één studie van onderzoekers aan de universiteit van Illinois bleek dat een halfjaar na een tegenslag of gelukkige gebeurtenis de proefpersonen waren teruggekeerd naar hun gebruikelijke gelukstoestand zonder overgebleven effecten van de gebeurtenis. Je zou dus kunnen worden bevorderd tot president-directeur, zodat je salaris wordt verdriedubbeld, of plotseling een vernietigende tegenslag op je werk kunnen krijgen, en een jaar later zou je ontdekken dat je weer net zo gelukkig bent als daarvoor.

Daar is natuurlijk een reden voor. Vanuit darwinistisch perspectief, argumenteren evolutiepsychologen dat dit kenmerk zijn oorsprong vindt in het verre verleden van de menselijke soort. Het was het vermogen tot aanpassing dat ons in staat stelde te overleven. Als iemand permanent gelukkig zou zijn met een succes of prestatie, in een eeuwige toestand van gelukzaligheid zou verkeren, zou hij of zij niet meer de motivatie hebben om te streven naar groei, vooruitgang en het ontwikkelen van nieuwe vaardigheden. Het zou je initiatief om zeep helpen. Tegelijkertijd geldt dat als mensen van nature geneigd zouden zijn om permanent depressief of ontmoedigd te raken door een mislukking of verlies, als er maanden en jaren voorbij zouden gaan en het nog net zoveel pijn bleef doen als de dag waarop het gebeurde, dat opnieuw verlammend zou werken en de kans zou verkleinen dat het individu in leven zou blijven, om zijn genen door te geven en een voorouder te worden.

Dat is de reden waarom het, zoals de Dalai Lama ons in herinnering brengt, belangrijk is een evenwichtig leven te leiden. Hoe bevredigend ons werk ook moge zijn, het is verkeerd om het als onze enige bron van voldoening te beschouwen. Zoals mensen een gevarieerd eetpatroon nodig hebben om gezond te blijven, om ons te voorzien van verschillende vitaminen en mineralen, hebben we ook een gevarieerd activiteitenpatroon nodig dat ons kan voorzien van een gevoel van vreugde en voldoening. Als we inzien dat het principe van aanpassing normaal is, kunnen we anticiperen en ons erop voorbereiden door bewust een compleet menu te ontwikkelen met activiteiten waarvan wij genieten. Sommige deskundigen stellen voor om te beginnen met het maken van een inventaris – neem een weekend de tijd om een lijst te maken van alle dingen die je graag doet, je talenten en interesses, zelfs nieuwe dingen waarvan je denkt dat je ze leuk vindt om te doen. Misschien tuinieren, koken, een sport, het leren van een nieuwe taal of vrijwilligerswerk, elke activiteit die je helpt om je vaardigheden te ontwikkelen en in de praktijk te brengen. Als we dan een vervelende periode doormaken op ons werk, kunnen onze familie, vrienden, hobby's en andere interesses dienen als onze voornaamste bron van voldoening. En als we onze interesse en aandacht een tijdje op andere activiteiten richten, zal de cyclus uiteindelijk omdraaien en kunnen we weer met frisse moed aan de slag.

5
BAAN, CARRIÈRE EN ROEPING

We kwamen de volgende dag opnieuw bijeen. 'Weet u, toen wij gisteren het verband tussen werk en geluk bespraken, zei u dat we soms een stap achteruit moeten doen en het grotere geheel niet moeten vergeten. Ik bedacht toen dat we tot nu toe enkele van de meer voorkomende bronnen van onvrede op het werk hebben vastgesteld, factoren als verveling, gebrek aan zelfstandigheid, het gevoel dat je oneerlijk wordt beloond enzovoort. En u heeft ook enkele bronnen van vreugde besproken, factoren zoals menselijke relaties of zelfs potentiële bronnen zoals uitdaging, wat volgens u afhankelijk is van de persoon. Als we het in een breder kader plaatsen, wat beschouwt u dan als de belangrijkste factor? Welke factor speelt de grootste rol bij het vinden van geluk op het werk?'

De Dalai Lama zweeg. Aan zijn uitdrukking van diepe concentratie was te zien dat hij zorgvuldig nadacht over de vraag. Ten slotte antwoordde hij: 'Als we het hebben over werk, is ons doel, het allerbelangrijkste, dat wij een gevoel van voldoening krijgen door ons werk. Niet? Als je dus een gevoel van voldoening uit je werk wilt putten, is je houding volgens mij het allerbelangrijkste. Je houding ten opzichte van je werk is de allerbelangrijkste factor.' Hij pauzeerde opnieuw. 'Dat en zelfbewustzijn, inzicht hebben in jezelf,' voegde hij eraan toe. 'Dat zijn de voornaamste dingen.'

'Maar, zoals we besproken hebben, kunnen er natuurlijk ook andere factoren zijn. Je emotionele aard, de kracht van je emoties, zoals jaloezie, vijandigheid, hebzucht enzovoort, kunnen een belangrijke rol spelen. Stel dat iemand een baan krijgt en een gevoel van innerlijke tevredenheid heeft, en ook niet hebberig is, dan kan dat werk die persoon veel voldoening geven. Als echter iemand dezelfde baan krijgt maar veel ambitieuzer is, vindt dat hij een betere baan verdient, dat dit werk beneden zijn waardigheid is en als hij jaloers wordt op andere collega's, dan zal hetzelfde werk geen gevoel van voldoening geven. Dit soort factoren zijn erg belangrijk.'

Er is genoeg wetenschappelijk bewijs ter ondersteuning van de bewering van de Dalai Lama dat je onderliggende houding van invloed is op je gevoel van tevredenheid en voldoening op het werk. Het beste onderzoek naar houding en algemene oriëntatie op het werk is misschien wel het onderzoek dat in 1997 werd uitgevoerd door dr. Amy Wrzesniewski (spreek uit: rez-NES-kie), een organisatiepsycholoog en hoogleraar bedrijfseconomie aan de universiteit van New

York, en haar collega's. Hieruit bleek dat je werknemers over het algemeen in drie duidelijke categorieën kunt verdelen. De eerste groep ziet werk gewoon als een baan. Deze personen zijn hoofdzakelijk gericht op de financiële beloning die het werk oplevert. De aard van het werk zelf vormt misschien geen bron van interesse, plezier of voldoening. Omdat ze voornamelijk geïnteresseerd zijn in het loon, zullen ze hun baan snel opzeggen en iets anders gaan doen wanneer hun loon wordt verlaagd of er een beter betaalde baan vrijkomt. De tweede groep ziet werk als een carrière. Hier richt men zich vooral op bevordering. In plaats van financieel gewin, worden deze mensen gemotiveerd door prestige, sociale status en de macht die hoort bij titels en hogere posities op het werk. In deze categorie zie je misschien dat mensen zich meer persoonlijk inzetten voor hun werk, maar zodra de promoties stoppen, gaan ze zich ontevreden voelen. Hun interesse in de baan kan verdwijnen, en misschien gaan ze zelfs op zoek naar nieuw werk. De laatste categorie bestaat uit mensen die hun werk als een roeping beschouwen. Deze individuen doen het werk voor het werk zelf. Er is minder sprake van een scheiding tussen hun baan en andere aspecten van hun leven. Mensen in deze categorie houden doorgaans van hun werk, en als ze zich dat kunnen veroorloven, zijn ze bereid hun werk zelfs onbetaald te doen. Ze beschouwen hun werk als zinvol, als iets wat een hoger doel dient, als een bijdrage aan de gemeenschap of de wereld. Zoals je zou verwachten, genieten degenen die hun werk als een roeping beschouwen vaak een grotere mate van arbeidsvreugde, alsook levensvreugde, dan degenen die werk zien als een baan of carrière. In een samenvatting van hun bevindingen, melden deze wetenschappers: 'Tevredenheid met het leven en het werk is waarschijnlijk meer afhankelijk van hoe een werknemer tegen zijn of haar werk aan kijkt dan van inkomsten of de prestige van een beroep.'

Maar we hoeven ons niet te verlaten op sociologen, arbeidspsychologen of mensen die zijn afgestudeerd in bedrijfskunde aan Harvard, om te bewijzen dat dit zo is. Ieder van ons kan zijn eigen onderzoek uitvoeren, zijn eigen leven en de levens van de mensen om zich heen gebruiken als studieobject. Met wat denkwerk en observatie is het niet moeilijk te ontdekken wat voor ingrijpende effecten je houding kan hebben op de vreugde en tevredenheid op het werk.

Natuurlijk kunnen onze opvattingen over werk door vele factoren worden gevormd, zowel innerlijke als uiterlijke. Onze jeugdervaringen, opvoeding en cultuur kunnen allemaal een rol spelen. Zoals vele anderen in onze maatschappij herinner ik mij bijvoorbeeld dat mijn vader tegen mij en mijn broers en zusters sprak over de deugden en genoegens van hard werken, trachtend ons het belang van een sterke arbeidsethos bij te brengen. En zoals velen in onze maatschappij, wekten zijn niet-verbale boodschappen een indruk van werk die heel anders was dan zijn woorden. Wanneer hij elke avond uitgeput thuiskwam, en niet graag over zijn werkdag wilde praten, creëerde dat onzekerheid in onze jonge geest over wat hij precies deed op het werk. Afgaande op zijn gedrag, en zonder verdere informatie, had het ons niet verbaasd als hij voor zijn werk elke dag van negen tot vijf in een tandartsstoel moest zitten voor een wortelkanaalbehandeling.

Op grond van deze ervaring stond ik niet te springen om mij bij het leger arbeiders aan te sluiten. En als tiener kon mijn eerste dag op mijn werk niets veranderen aan mijn twijfels over de deugden en genoegens van arbeid. Ik had een vakantiebaantje gekregen in een fabriek die geconcentreerd sinaasappelsap inblikte. Ik moest aan het einde van de lopende band staan en dozen met blikjes van de band pakken en op een houten pallet op een metalen kar zetten. De leercurve voor mijn fascinerende nieuwe baan duurde ongeveer elf seconden. Tegen het einde van het eerste uur, overweldigd door een combinatie van verveling en uitputting, had ik al een hekel gekregen aan de dozen die meedogenloos voortrolden over de band. Ik beschouwde elke doos als een persoonlijke belediging. De eerste vijf minuten amuseerde ik mijzelf door te denken aan de klassieke aflevering van *I love Lucy* waarin Lucy bonbons van de lopende band moet pakken en in doosjes moet stoppen, maar ik kwam al snel tot de ontdekking dat de kans dat ik in een kolderieke situatie terecht zou komen onwaarschijnlijk was. De fabriek leek geheel verstoken van humor, en ik begon de theorie te ontwikkelen dat de fabriek misschien voorzien was van een speciaal industrieel luchtfilter dat elke pretmolecuul wegfilterde. Mijn collega aan de andere kant van de lopende band leek mijn onbewezen hypothese enige geldigheid te verlenen. Hij zweeg het eerste uur en toen hij eindelijk sprak, waren zijn eerste woorden: 'Dit is klotewerk!' Hij heeft zijn naam nooit genoemd. En om alles nog erger te maken, leek hij expres geen haast te maken. Hij bewoog zo traag dat ik gedwongen was meer dozen op te stapelen dan ik moest opstapelen. Het was om gek van te worden. Ik gaf hem echter het voordeel van de twijfel want misschien bewoog niet alleen hij zo langzaam – de tijd verstreek zo langzaam op dit nieuwe werk dat de natuurwetten mogelijk waren opgehouden te bestaan in dit gebouw. Elke minuut leek een uur, en het enige wat ik kon doen, was hulpeloos naar de klok kijken. Ik dacht dat ik het niet langer dan één dag vol zou houden.

Op de tweede dag kreeg ik echter mijn allereerste lesje in het grote belang van houding, en hoe dat je ervaring op het werk compleet kan veranderen. De ploegen werden afgelost en mijn zwijgzame collega werd vervangen door Carl, een oudere man met een echt opmerkelijke hoeveelheid energie en enthousiasme. Ik moest zijn manier van werken wel bewonderen.

Hij leek te genieten van elke lichaamsbeweging en haalde de dozen behendig van de band in een ritme en met zulke efficiënte bewegingen dat het een waar genot was om te zien – hij leek wel een professionele atleet die in training was. En hij leek niet alleen te genieten van de fysieke bewegingen. Hij vond het geweldig om met zijn collega's om te gaan. Hij kende iedereen bij naam, wist alles van hun persoonlijke achtergrond, en ik was al snel zo volledig verdiept in een gesprek dat de dag voorbij was voordat ik het wist. Hij vond mensen echt aardig, en mensen vonden hem op hun beurt aardig. En hij leek van nature aan te voelen wat het hogere doel van zijn baan was. Op een gegeven moment had hij zelfs de moeite genomen om uit te vinden hoeveel blikjes sinaasappelsap de fabriek produceerde en naar welke staten en landen het sap werd verscheept. Hij vond het leuk erover na te denken waar het sap naartoe ging en zei altijd dingen als: 'Voorzichtig met die doos daar, jongen, het sap in die doos gaat linea recta naar het koninklijke jacht van Hare Majesteit, om gemixt te worden met wodka, waarna het in whiskyglazen wordt geserveerd aan verveelde diplomaten', of: 'Laat die doos niet vallen, want dat is sinaasappelsap dat regelrecht naar Nebraska gaat, waar het door een vlasblond jongetje van één jaar met koliek uit een plastic fles wordt gezogen.' Terugdenkend aan Carl, een man aan wie ik bijna dertig jaar niet meer heb gedacht, leek hij mij een klassiek voorbeeld van iemand die routinewerk verandert in een roeping.

Toen we verder gingen met de discussie over opvattingen ten aanzien van werk, kwam de Dalai Lama met het volgende voorbeeld: 'Als we het hebben over je houding ten opzichte van je werk, heb ik een voorbeeld uit mijn perspectief als monnik. Ik heb gezien dat je houding een groot verschil kan maken in hoe je je werk doet en hoeveel voldoening je eruit kunt putten. Ik heb bijvoorbeeld jonge monniken gezien die intreden bij een klooster en met hun religieuze en filosofische studie beginnen. In het begin heeft de monnik misschien niet zoveel waardering voor de diepere betekenis van de teksten, maar hij moet toch heel vroeg opstaan en heel laat opblijven om te studeren en zijn taken te verrichten. Op dat punt vindt hij dat erg vermoeiend, erg zwaar, heel vervelend, en hij doet het met grote tegenzin. Hij heeft geen keus. Later begint hij echter geleidelijk de betekenis van de teksten te begrijpen en te waarderen. Hij begint de diepere betekenis en het doel van wat hij doet in te zien, en daarmee verandert zijn houding. Daarna doet hij niet alleen zijn werk, hij doet het ook nog eens met groot enthousiasme en geeft geen enkele blijk van verveling of zelfs fysieke vermoeidheid. Dus ook al brengt hij misschien dezelfde hoeveelheid tijd door met hetzelfde werk, alleen al de verandering in houding maakt een enorm verschil. En volgens mij maakt het niet uit wat voor werk je doet, die houding is heel belangrijk.'

'Nu we hebben vastgesteld dat je houding, hoe je tegen je werk aan kijkt, een cruciaal onderdeel van voldoening en geluk vormt, wil ik dit graag uitsplitsen om het gedetailleerder te bespreken,' zei ik.

De Dalai Lama knikte instemmend.

'Er is een postdoctoraal onderzoek uitgevoerd om opvattingen over werk te achterhalen, en daaruit bleek dat in het Westen de visie van mensen op hun werk, over het algemeen, in drie categorieën valt onder te verdelen. Sommige mensen zien hun werk simpelweg als een baan om geld te verdienen, waarbij het loon de belangrijkste interesse en motivatie vormt. Anderen zien hun werk als onderdeel van een carrière, en daar concentreert men zich hoofdzakelijk op de ontwikkeling van de carrière, vooruitgang, promoties en het bereiken van een hoger niveau in hun vakgebied. De derde categorie bestaat uit mensen die hun werk als een roeping beschouwen. Het criterium voor roeping is dan dat ze hun werk zien als een bijdrage aan een of ander hoger doel, dat ze hun werk waardevol vinden. Het concept van roeping heeft dus voornamelijk iets van doen met de idee van een hoger doel in hun werk, misschien zelfs het sociale welzijn van anderen.'

'Dat zijn de drie hoofdopvattingen die mensen hebben over hun werk of baan. En ongeveer een derde van de mensen zal hun werk als een baan beschouwen, een derde als een onderdeel van hun carrière, en een derde als een roeping. En het onderzoek toonde voorts aan dat mensen die hun werk als een roeping beschouwen doorgaans tevredener en gelukkiger zijn op het werk dan mensen die het slechts als een baan of zelfs als een deel van hun carrière zien. Dit lijkt uw idee dat je houding ten aanzien van je werk je gevoel van voldoening kan bepalen inderdaad te ondersteunen.'

'Ja, dit lijkt mij logisch,' merkte de Dalai Lama op. 'Ik denk dat als je je werk alleen doet voor het geld, alleen om een loonzakje te krijgen, er een grotere kans bestaat dat je ontevreden raakt. En zelfs als je je werk beschouwt als onderdeel van je carrière, kan dat mogelijk tot ontevredenheid leiden. Het hangt natuurlijk van je motivatie af, maar als je je alleen bezighoudt met het bevorderen van je carrière, promoties, titels en benoemingen, bestaat het gevaar van overdreven ambitie en frustratie wanneer je niet vooruitkomt en jaloezie wanneer anderen wel hoger op de ladder komen. Dat leidt niet tot optimale arbeidsvreugde. En je loopt ook nog het risico dat je zelfs vijanden maakt. Tegelijkertijd is het niet moeilijk in te zien hoe de opvatting van werk als een roeping je meer innerlijke voldoening zou kunnen geven.'

'En ik denk dat de opvatting van werk als een roeping nog andere positieve effecten kan hebben. Zo spraken we eerder over verveling, en je vroeg mij hoe ik omga met verveling, hoewel ik niet zeker wist of mijn ervaringen op iedereen van toepassing zouden zijn. Maar volgens mij is dit iets wat voor veel mensen opgaat. Als je je werk ziet als een roeping, zorgt dat er ongetwijfeld voor dat je geest niet zo snel vermoeid raakt. Het kan verveling verminderen en je een groter gevoel van richting en vastberadenheid geven. En met die visie zou je je interesse en enthousiasme kunnen vasthouden, zelfs al krijg je geen loonsverhoging of een promotie.'

Bij het bestuderen van de drie voornaamste oriëntaties op werk – baan, carrière en roeping – hadden we, in onze discussie over geld als de belangrijkste motivatie om te werken, uitvoerig gesproken over de eerste categorie. Maar de Dalai Lama had gelijk toen hij erop wees dat een carrièreoriëntatie met nadruk op promotie, titels en benoemingen evenzeer een bron van ellende kan vormen. Welke destructieve consequenties een carrièreoriëntatie kan hebben, zien we bij Toby.

Toby is advocate, een zeer getalenteerde aanklager. Als je haar vraagt waarom ze advocaat wilde worden, kan ze daar geen antwoord op geven omdat ze in tweestrijd staat tussen het zien van haar beroep als een vehikel voor rijkdom, status en de bevestiging van haar intelligentie en het streven een beter mens te worden – ze wil boven ambitie uitstijgen. Ze wil geloven dat ze in de advocatuur ging om mensen te helpen. Maar in werkelijkheid heeft haar persoonlijke ambitie haar het leven in de afgelopen tien jaar zuur gemaakt. Ze begon aan een veelbelovende carrière bij het ministerie van

Justitie en klom snel omhoog op de ladder. Maar toen ze achter in de dertig was kon ze de verleiding van het geld dat collega's verdienden bij grote concerns, of met persoonlijke schadeclaims, niet weerstaan. Tegen de tijd dat ze overstapte naar de particuliere sector, liep ze op tegen een glazen plafond en leeftijdsdiscriminatie – ze was te oud om compagnon te worden en werkte al te lang als strafpleiter om zijdelings in te stromen. Ze begon voor zichzelf en slaagde er niet in de hoeveelheid geld te verdienen die ze wilde verdienen of de erkenning te krijgen waarnaar ze hunkerde.

En omdat ze per se wil slagen in de particuliere sector, wijst ze bovendien voortdurend aanbiedingen af van het ministerie van Justitie om terug te keren in een hogere positie waarin ze veel meer van zichzelf kan laten zien. Bijgevolg kan ze nooit de vruchten plukken van haar succes – ze wil altijd iets anders. Ze is zo getalenteerd dat als je haar hoort klagen dat ze in haar privé-praktijk niet krijgt wat ze wil, het net is alsof je een schoonheidskoningin hoort tobben over een pukkel terwijl haar vriendin acne heeft.

'Heeft u enige suggesties voor het veranderen van iemands opvattingen over werk of iemands houding ten opzichte van werk? Met andere woorden: hoe kunnen wij onze gerichtheid op baan of carrière veranderen in een gerichtheid op roeping? Kunt u daar manieren voor bedenken?'

De Dalai Lama dacht een tijdje na. 'Dat kan ik niet met zekerheid zeggen. Maar neem bijvoorbeeld een boer. Hoe kan een boer zijn werk gaan beschouwen als een roeping? Misschien kan hij proberen het hogere doel van zijn werk in te zien en daarover nadenken. Misschien kan hij nadenken over zijn zorg voor de natuur, het instandhouden van leven. Of je zou, in het geval van een fabrieksarbeider, kunnen nadenken over het uiteindelijke nut van het specifieke apparaat dat je maakt. Ik weet het niet. Ik denk dat het voor sommigen moeilijk zal zijn, maar je kunt proberen de zin van je werk te zoeken.'

'Ik ga ervan uit dat mensen in bepaalde beroepen, zoals sociaal werkers, leraren, mensen in de gezondheidszorg, hun werk als een roeping zouden kunnen zien.'

'Weet u,' merkte ik op, 'interessant genoeg zou je denken dat onze opvatting over ons werk afhangt van de aard van het werk – bij sommige banen, zoals ongeschoolde arbeid, zou je verwachten dat mensen hun baan alleen zien als een middel om geld te verdienen, terwijl je verwacht dat een sociaal werker of een verpleegster of een arts het meer als een roeping ziet. Maar je kunt geen scheiding aanbrengen op grond van het soort werk. Sterker nog, hetzelfde onderzoek dat de drie hoofdcategorieën van hoe wij tegen werk aan kijken heeft vastgesteld, toonde aan dat je die scheiding overal tegenkomt, ongeacht het vakgebied of de baan. Ze hebben een groep administratief medewerkers bij universiteiten bestudeerd, allemaal met dezelfde baan, hetzelfde opleidingsniveau, dezelfde werkomgeving enzovoort, en ontdekt dat eenderde hun werk beschouwde als een baan, eenderde als een carrière en eenderde als een roeping. Dus zelfs onder verpleegsters, artsen of sociaal werkers zien sommigen hun werk als een baan, sommigen zien het als het maken van carrière en zijn gericht op promotie of het hogerop komen, en sommige mensen zien het als een roeping. Die scheiding lijkt meer gebaseerd te zijn op het karakter van de persoon en hun opvatting over hun werk in plaats van de aard van het werk zelf.'

'Ja, daar kan ik inkomen,' zei de Dalai Lama. 'Van boeddhistische novicen wordt bijvoorbeeld verwacht dat ze studeren voor een hoger doel – voor bevrijding – maar sommigen hebben die motivatie wellicht niet. Maar dat kan door hun omgeving komen. Misschien hebben ze niemand die hun goede raad kan geven, hen helpt het bredere perspectief en het uiteindelijke doel te zien. Als een sociaal werker goed wordt opgeleid en begeleid, en er vanaf het begin zorg en aandacht wordt besteed aan het ontwikkelen van de juiste motivatie, dan is hij wellicht beter in staat zijn werk als een roeping te zien.'

'Als iemand werkzaam is in de sociale sector of anderszins als hulpverlener werkt, bestaat er uiteraard een grote mogelijkheid om dat als "een roeping" te beschouwen omdat ze mensen direct helpen, de samenleving beter maken. Ik strooi hier zomaar wat ideeën in het rond, in een poging dingen te verduidelijken, maar ik vraag mij af wat u denkt over het streven naar uitmuntendheid als de hogere motivatie of het hogere doel van iemands werk, en niet het noodzakelijkerwijs helpen van de samenleving of het helpen van anderen of een hoger doel in die zin. Maar eerder een hoger doel in de zin van je werk zo goed mogelijk willen doen omdat je echt wilt uitblinken in alles wat je doet. Mensen die hun eigen potentieel optimaal willen verwezenlijken door middel van hun werk. Ze zijn gericht op de voldoening die je krijgt als je je werk goed hebt gedaan. Zou u dat als een "hoger doel" beschouwen en het in de categorie "roeping" willen onderbrengen?'

'Dat zou je waarschijnlijk ook onder "roeping" kunnen scharen,' antwoordde de Dalai Lama, zij het op aarzelende toon. 'Persoonlijk vind ik het beter als het hogere doel of de zin die je aan je werk geeft iets te maken heeft met het helpen van andere mensen. Maar je hebt veel verschillende soorten mensen, verschillende zienswijzen, interesses en instellingen. Dus ik denk dat het zeker mogelijk is dat voor sommige mensen het hogere doel van hun werk simpelweg het streven naar uitmuntendheid is, en dat bereiken met enige creativiteit. Hier ligt de aandacht misschien op het creatieve proces en de hoge kwaliteit van het werk zelf. En ik denk dat dat je opvatting van werk als niet meer dan een baan of een carrière zou kunnen veranderen in een roeping.

Maar je hebt opnieuw de juiste motivatie nodig. Je moet je werk niet uitvoeren vanuit een sterke competitiedrang of gevoel van jaloezie. Dat is belangrijk.'

'Ik denk bijvoorbeeld dat er in het verleden veel wetenschappers zijn geweest die alleen experimenten hebben uitgevoerd vanuit wetenschappelijke nieuwsgierigheid en hun grote interesse in hun specifieke vakgebied, alleen om erachter te komen wat ze konden ontdekken, en dat is ook nu nog het geval. Volgens mij waren - en zijn — deze mensen in staat hun werk als een roeping te zien. En achteraf gezien hebben deze wetenschappers vaak nieuwe ontdekkingen gedaan, dingen waar anderen uiteindelijk mee geholpen werden, zelfs al was dat niet hun oorspronkelijke intentie.'

'Dat is een goed voorbeeld,' merkte ik op.

'Maar bij zo'n werkwijze ligt er natuurlijk een gevaar op de loer,' waarschuwde hij. 'Zo hebben wetenschappers zich ook beziggehouden met onderzoek om nieuwe massavernietigingswapens te produceren. Met name jullie Amerikanen,' zei hij lachend. 'En ik denk dat ook die mensen hun werk mogelijk als een roeping zagen, om iets te verzinnen om de vijand te vernietigen en, misschien in hun visie, hun eigen mensen te beschermen. Maar dan komen er leiders zoals Hitler die hun ontdekkingen op de verkeerde manier gebruiken.'

'Goed,' vervolgde ik, 'zoals ik al zei zijn er bepaalde beroepen waarin het gemakkelijker kan zijn om je werk vanuit de "roepingsgerichtheid" te benaderen. Zoals sociaal werk, geneeskunde, het geven van religieus onderricht of lesgeven op een middelbare school. Dat soort dingen. Maar we hebben het erover gehad dat er miljoenen mensen zijn die niet de gelegenheid krijgen of niet geïnteresseerd zijn om grote wetenschappers of sociaal werkers, leraren of hulpverleners te worden. Dan hebben we het over banen waarbij niet duidelijk is hoe ze bijdragen aan het welzijn van anderen, waarbij het mogelijk lastiger is het werk als een roeping te beschouwen. Zo heb je veel banen die alleen worden geassocieerd met het verdienen van geld – bankiers, effectenmakelaars enzovoort – of het verwerven van een hogere positie, status en macht — advocaten, directeuren van een bedrijf – of andere beroepen.'

'Ja, dat is waar,' gaf de Dalai Lama ten antwoord, 'maar zoals ik heb gezegd zijn er veel verschillende mensen in de wereld, en dus zijn er veel verschillende methoden om een hoger doel en diepere betekenis in je werk te ontdekken, wat er vervolgens toe leidt dat je je baan gaat beschouwen als die "roeping" waarover je spreekt. En die opvatting verhoogt dan weer hun arbeidsvreugde. Iemand kan bijvoorbeeld een saaie baan hebben, maar wel zijn of haar gezin, kinderen of bejaarde ouders onderhouden. Het helpen en onderhouden van het gezin kan dan het hoger doel van die mensen zijn, en wanneer de verveling en ontevredenheid op hun werk toeslaat, kunnen ze bewust nadenken over hoe ze zorgen voor het geluk en comfort van hun gezin, in hun gedachten elk gezinslid zien en dat hun werk voorziet in voedsel en onderdak voor die persoon. Dat kan de werknemer volgens mij meer kracht geven. Dan heeft hij of zij een doel om na te streven, of hij of zij het werk nu leuk vindt of niet. Maar we hebben eerder al gezegd dat als je alleen werkt met het oog op je eigen salaris, en niets anders, dat je werk dan saai kan worden, dan wil je op den duur iets anders gaan doen.'

'Maar er zijn natuurlijk ook miljoenen vrijgezellen die geen gezin hebben om te onderhouden. Denkt u dat er een manier is om een hogere motivatie te ontwikkelen waaraan ze zichzelf op hun werk kunnen herinneren?'

'Dat is geen probleem,' zei de Dalai Lama zonder aarzeling. 'Je kunt nog steeds vele andere redeneringen gebruiken om dat hogere doel, het grotere welzijn van je werk, te ontdekken.'

'Kunt u een paar voorbeelden geven?'

De Dalai Lama wees op de cassetterecorder die voor ons op de koffietafel lag.

'Kijk eens naar dat apparaat. Ik vermoed dat er een paar duizend mensen nodig zijn geweest om dat te maken. En iedereen heeft een bijdrage geleverd, zodat wij het nu kunnen gebruiken om ons boek te maken dat hopelijk van enig nut kan zijn voor andere mensen. Zo zijn er ook duizenden mensen die ons voorzien van het voedsel dat wij eten, de kleding die wij dragen. Dus als je ergens achter een lopende band staat, zie je misschien niet meteen het nut van je harde arbeid, maar als je eventjes nadenkt, kun je je realiseren hoe je anderen indirect helpt en daar mag je trots op zijn, je kunt er een gevoel van voldoening aan ontlenen. Arbeiders over heel de wereld bezorgen anderen geluk, ook al zien ze dat misschien niet. Als je werkt voor een grote maatschappij, lijkt het erop dat je werk op het eerste gezicht misschien onbetekenend is, dat je als individuele werknemer geen grote invloed uitoefent op de maatschappij. Maar als je het nader bekijkt, kunnen we ons realiseren dat onze baan indirect invloed kan uitoefenen op mensen die we wellicht nooit zullen ontmoeten. Ik denk dat wij op kleine schaal, mogelijk door middel van ons werk, een bijdrage kunnen leveren aan het welzijn van anderen.'

'Je hebt bijvoorbeeld ook mensen die op een of andere wijze voor de regering werken, en bijgevolg zien ze werken voor hun land als het hogere doel. In de jaren vijftig had je veel Chinezen, onder wie soldaten, die echt het gevoel hadden dat ze werkten voor het welzijn van anderen, althans voor het welzijn van de communistische partij en dat betekende het welzijn van het volk. Ze geloofden heilig in hun doel en waren zelfs bereid hun leven ervoor op te offeren. En ze gaven niets om persoonlijk gewin. In de kloosterwereld heb je ook veel monniken die ervoor kiezen in afzondering te leven, als kluizenaar in de bergen, in primitieve omstandigheden en met grote ontberingen.

Ze kunnen in het klooster blijven en een leven met meer comfort en gemak leiden. Maar omdat ze een veel hoger doel in gedachten hebben, omdat hun doel het bereiken van de verlichting is, zodat ze alle wezens beter van dienst kunnen zijn, zijn ze bereid om die ontberingen te ondergaan. Ik denk dat deze mensen een zekere mate van geestelijke voldoening putten uit wat ze doen.'

De Dalai Lama nam een slokje thee terwijl hij nadacht. 'Er is altijd een manier om een hoger doel in je werk te vinden. Er zullen natuurlijk ook altijd mensen zijn die niet hoeven te werken vanwege hun speciale financiële omstandigheden. Onder die omstandigheden kunnen ze genieten van hun vrijheid en hun bevoorrechte positie, maar dat is iets anders. Voor mensen die moeten werken om in hun levensonderhoud te voorzien, is het belangrijk in te zien dat ze, allereerst, deel uitmaken van een samenleving. Ze zijn leden van de menselijke gemeenschap waarin ze leven. En ze dienen ook in te zien dat als ze actief deelnemen aan het arbeidsproces, ze op een of andere manier hun rol als goed burger vervullen, als productief lid van de samenleving. En op die manier kunnen ze zich realiseren dat ze indirect een bijdrage leveren aan de gehele maatschappij. Als je zo denkt, kun je je werk een betekenis geven die uitstijgt boven het simpelweg voorzien in je eigen levensonderhoud. Dat alleen al kan genoeg zijn om je een gevoel van richting, een gevoel van roeping, te geven. En je kunt deze gedachte versterken door jezelf gewoon af te vragen: *wat is het alternatief?* Een beetje rondhangen. Als je dat doet, loop je het gevaar dat je van het rechte pad dwaalt en onheilzaam gedrag gaat vertonen, zoals het gebruiken van drugs, lid worden van een straatbende of schade toebrengen aan de samenleving. Dan lever je geen bijdrage aan de gemeenschap waarin je leeft, maar je ondermijnt zelfs de stabiliteit van de gemeenschap waarvan je zelf deel uitmaakt. Dus als een werknemer zo'n gedachtegang volgt, zal hij of zij een hoger doel in het werk ontdekken.'

De Dalai Lama zweeg opnieuw en lachte. 'Ik bedenk mij net dat dit een tikkeltje ironisch is. We bespreken dit soort zaken, die wellicht in het boek terechtkomen, en het lijkt er misschien op dat ik dit advies geef aan de Amerikaanse burgers, maar of het volk van Tibet, mijn eigen gemeenschap, aandacht besteedt aan dit soort dingen is de vraag. Ze luisteren niet altijd naar mij!'

'Misschien kunnen we ons boek in het Tibetaans laten vertalen,' grapte ik.

Ieder van ons heeft de capaciteit om zijn arbeidsvreugde te vergroten: door het werk te veranderen in een roeping. En gelukkig hoeven we daarvoor onze baan als kruier of hypotheker niet op te zeggen om bij het vredeskorps te gaan. Wat we ook voor baan hebben, met enige aandacht en inspanning kunnen we een diepere betekenis in ons werk vinden. Dr. Amy Wrzesniewski, een vooraanstaand onderzoekster op het gebied van tevredenheid onder werknemers, heeft gezegd: 'Recent onderzoek heeft aangetoond dat mensen die ongeschoold werk verrichten hun relatie tot hun werk kunnen veranderen, en wel door de taken en relaties die onderdeel vormen van het werk dusdanig vorm te geven dat ze het werk zinvoller maken.'

Er zijn tal van manieren waarop iemand zijn of haar werk zinvoller kan maken. Een vrouw, die administratief werk verricht voor een groot bedrijf, beschreef hoe ze dit doet:

'Elke dag kies ik iemand uit die een boterham-met-pindakaasdag lijkt te hebben, en dan probeer ik hem of haar een hart onder de riem te steken. Ik vraag of ik iets voor hem of haar kan doen, of soms glimlach ik alleen en geef ik een schouderklopje. Daar is de persoon natuurlijk niet altijd mee geholpen – soms helpt het, soms niet. Maar het geeft mij in ieder geval een beter gevoel. Je hoeft er niet veel voor te doen, maar geloof me, het maakt mijn hele dag goed. Ik verheug mij er iedere dag op om naar mijn werk te gaan.'

'Wat is een boterham-met-pindakaasdag?' vroeg ik.

'Dat is een dag waarop je wakker wordt en niets goed lijkt te gaan vanaf het moment dat je opstaat. De hele ochtend val je van het in het ene in het andere, en tijdens de lunchpauze laat je uiteindelijk je boterham met pindakaas op de grond vallen, met de besmeerde kant naar beneden.'

Het vinden van een hoger doel of diepere betekenis in je werk, het kiezen van een andere houding of perspectief, is uiteraard niet altijd gemakkelijk. De wereldwijde impact van onze inspanningen is niet altijd direct zichtbaar. Dus moeten we op kleinere schaal beginnen en inzien wat voor positief effect wij hebben op de mensen in onze directe omgeving. En zodra wij ontdekken hoe wij bijdragen aan het welzijn van anderen, moeten we onszelf hier voortdurend aan herinneren, met name als de verveling toeslaat, het ons te veel wordt of wij ontmoedigd raken op het werk. Wat dat betreft, gaf een vriendin, die werkt als hoofdredactrice bij een grote uitgeverij, een perfect voorbeeld van een strategie die ze gebruikt om haar houding te veranderen, eentje die ze al lange tijd toepast, een persoonlijke strategie die ze heeft ontwikkeld zonder voorafgaande kennis van het werk dat is uitgevoerd door sociologen, organisatiepsychologen of onderzoekers als dr. Wrzesniewski.

'Op mijn werk bereik ik vaak een punt waarop ik het gevoel krijg dat ik het gewoon niet meer aankan,' legde ze uit. 'Joost mag weten wat "het" is, maar elke taak voelt aan als een ondraaglijke last, elke vraag wordt een hinderlijke onderbreking, elke vergadering maakt inbreuk op de kwaliteit van mijn bestaan. Op zulke momenten wil ik ergens anders zijn, zolang het maar niet op mijn werk is. Ik zit dan nog liever vast in een snikhete, rokerige metro, in een tunnel zonder airconditioning. Dat is het onvermijdelijke resultaat wanneer ik mijn werk alleen zie als carrière maken, als iets wat mij een betere reputatie of een beter gevoel over mijzelf moet opleveren. Ik heb ontdekt dat als je je geluk laat afhangen van iets buiten jezelf, je altijd teleurgesteld wordt. Mijn baan kan mij geen beter gevoel geven, daar moet ik zelf voor zorgen. Dus als ik mij rot voel, probeer ik niet mijn houding negentig graden om te draaien door tegen mijzelf te zeggen: "Oké, mijn baan leidt er uiteindelijk toe dat mensen geholpen worden." Dat werkt niet. Ik moet klein beginnen. Ik moet beginnen bij de irritatie die ik voel wanneer ik een zeurderige vraag van een collega moet beantwoorden. Ik moet die persoon zien als iemand die ook zijn of haar werk doet, en wiens behoeften minstens zo belangrijk zijn als die van mij, misschien zelfs belangrijker. Dan kan ik enige voldoening putten uit het feit dat ik door mijn werk iemands verwarring heb kunnen wegnemen. Vanuit dat oogpunt kan ik mij concentreren op wat er gedaan moet worden, zoals het schrijven van een marketingmemo om een boek goed in de markt te plaatsen. Daarna denk ik aan de reacties op het boek die ik krijg van mensen binnen de uitgeverij: dat ze troost hebben geput uit het lezen ervan, dat het een perfect boek was voor een geliefde die in het ziekenhuis lag, of ze een tweede exemplaar mogen hebben voor hun vader. Dan denk ik aan de duizenden exemplaren die in boekwinkels over de hele wereld komen te liggen en de mensen die naar binnen gaan om het boek te kopen, het lezen, er steun aan hebben en het boek doorgeven aan iemand anders die er misschien iets aan heeft enzovoort. Op dat moment kan ik zien dat mijn werk eigenlijk bedoeld is om het lijden van anderen te verzachten. Maar die gedachte is niet gemakkelijk vast te houden. Ik glijd constant weg naar een "burn-out". Het is een gedachte-oefening die ik voortdurend moet doen. En kribbigheid op mijn werk is een teken dat ik het opnieuw moet doen, en opnieuw, en opnieuw, tot het gevoel op een dag gewoon vanzelf komt, spontaan, en dan krijg ik tijdens het redigeren een moment lang een gevoel van grote vreugde dat uit het niets lijkt te komen.'

6
INZICHT IN JEZELF

De Dalai Lama had een paar dagen andere vergaderingen en verplichtingen, dus toen we onze discussie hervatten stond ik te trappelen om verder te gaan waar we gebleven waren. 'Een paar dagen terug hebben we gesproken over hoe onze houding de belangrijkste factor is bij het bepalen van onze arbeidsvreugde, en we hebben manieren besproken waarop wij die houding of zienswijze kunnen veranderen, om ons werk als een roeping te beschouwen. Maar u heeft nog een belangrijke factor genoemd: zelfbewustzijn of zelfinzicht.'

'Dat klopt,' zei de Dalai Lama vriendelijk.

'Kunt u mij nader uitleggen hoe wij dat zelfinzicht specifiek kunnen toepassen in ons werk?'

'Ik denk dat het heel nuttig kan zijn als iemand meer inzicht in zichzelf krijgt. Als iemand bijvoorbeeld heel hoog is opgeleid en eindigt met een heel slechte baan, dan heeft hij goede redenen om echt te klagen en te proberen beter werk te vinden. Dat is gerechtvaardigd. Hij heeft de vaardigheden om hogerop te komen, dus moet hij ook proberen hogerop te komen. Maar als iemand ontevreden is met zijn huidige werk, en een betere baan en meer geld wil hebben, maar niet over zulke goede capaciteiten of kwalificaties beschikt, dan heeft hij een opgeblazen zelfbeeld. Hij beschikt niet over het juiste inzicht in zichzelf. Dus in plaats van dat hij zijn houding verandert, tevreden is met het werk dat hij heeft door zich te realiseren dat het overeenkomt met het niveau van zijn vaardigheden, begint hij anderen de schuld te geven, een betere baan te eisen en wordt zijn werk alleen een bron van ontevredenheid in plaats van een bron van voldoening.'

'Het is interessant dat u het punt van zelfbewustzijn naar voren brengt,' merkte ik op, 'want in de literatuur over de bronnen van tevredenheid op het werk, waarom sommige mensen gelukkig zijn en sommige niet, hebben veel onderzoekers het over hetzelfde als u, namelijk zelfinzicht en zelfbewustzijn als een belangrijk principe om meer voldoening op het werk te bereiken. Kunt u iets meer vertellen over wat u bedoelt met zelfbewustzijn of zelfinzicht dan alleen: "Ik heb de vaardigheden om dit werk te doen"? Als we het in een breder kader plaatsen, wat valt er dan onder zelfbewustzijn en zelfinzicht?'

'Als we praten over zelfbewustzijn of zelfinzicht,' legde de Dalai Lama uit, 'kunnen we het hebben over vele niveaus. In de boeddhistische psychologie wordt grote nadruk gelegd op het belang van een zelfbesef dat gebaseerd is op de realiteit. Dat komt omdat er een nauw verband bestaat tussen hoe wij onszelf zien en hoe wij geneigd zijn met anderen en de wereld om te gaan. Het spreekt vanzelf dat het beeld dat wij van onszelf hebben ook invloed heeft op hoe wij op een bepaalde situatie reageren. Mensen hebben van nature een gevoel van zelf, een ikbesef, waarbij we het ik zien als een soort onveranderlijke innerlijke kern, iets wat onafhankelijk bestaat, gescheiden is van anderen en de wereld. De vraag is echter of dat gevoel van zelf, dat "ik" waaraan wij ons vastklampen, werkelijk bestaat zoals wij denken dat het bestaat. Wat is de ware onderliggende aard van het zelf? Waarop is het zelf uiteindelijk gebaseerd? Dat is een cruciaal vraagstuk in de boeddhistische denkwijze, want wij stellen dat dit geloof in een op zichzelf bestaand en onveranderlijk "ik" ten grondslag ligt aan al onze mentale en emotionele verstoringen, de destructieve geestestoestanden die ons ervan weerhouden gelukkig te zijn. Als we op zoek gaan naar de ware aard van het zelf, komen we er met gebruikmaking van rede, logica en zorgvuldige analyse achter dat er een kloof gaapt tussen hoe wij lijken te bestaan en hoe wij werkelijk bestaan. Een kloof tussen verschijning en werkelijkheid. Maar dit soort onderzoek naar de ware aard van het zelf, de aard van de realiteit, is een zaak van boeddhistische theorie en praktijk. Het heeft te maken met wat in het boeddhisme *leegte* of *zelfloosheid* wordt genoemd. Dat is iets anders dan het zelfinzicht waarover wij hier spreken. Hier houden wij ons hoofdzakelijk bezig met zelfinzicht in de gebruikelijke zin van het woord. Dus we hebben het niet over het ontdekken van de ware aard van het zelf.'

'Wat voor factoren spelen een rol als iemand zich bewuster wil worden van zichzelf, of meer inzicht wil krijgen in zichzelf, op dat conventionele of alledaagse niveau?' vroeg ik.

'Als we het hebben over iemands werk of taak, en als mensen meer inzicht willen krijgen in het niveau van hun kennis of de technische vaardigheden op hun specifieke vakgebied, dan zouden ze vrijwillig bepaalde tests kunnen afleggen waarmee ze dat kunnen achterhalen. Ik denk dat je daarmee meer inzicht kunt krijgen in wat je capaciteiten zijn, tenminste op het niveau van je technische vaardigheden, vakkundigheid of het soort kennis dat je objectief kunt meten.'

'Maar als we het hebben over het vergroten van je zelfbewustzijn en inzicht op een dieper niveau, dan is het vooral belangrijk dat je zelfbeeld gebaseerd is op de realiteit. Hier is het doel om een helder beeld van jezelf te krijgen, een correcte beoordeling van je vermogens en karaktereigenschappen.'

'Weet u, wat u zegt doet mij denken aan enkele recente theorieën die door bepaalde onderzoekers en experts in de wetenschap van menselijk geluk naar voren zijn geschoven. Eén onderzoeker in het bijzonder heeft het over het vergroten van je zelfinzicht door je "sterke kenmerken" te identificeren – de natuurlijke goede kwaliteiten en kenmerken, de unieke reeks deugdzame karaktereigenschappen die wij allemaal hebben. Hij bedacht zelfs een test waarmee mensen hun sterke eigenschappen kunnen ontdekken.* Hij ging heel nauwkeurig en gedetailleerd te werk bij het samenstellen van de vragenlijst. Hij identificeerde zes hoofdcategorieën van menselijke deugden, zoals wijsheid, zelfbeheersing, moed en liefde. Daarna verdeelde hij deze belangrijkste deugden onder in vierentwintig "sterke kenmerken". Moed werd bijvoorbeeld onderverdeeld in heldhaftigheid, doorzettingsvermogen en integriteit. Hoe dan ook, deze onderzoeker beweert dat je gelukkiger kunt worden op het werk door je sterke kenmerken te ontdekken en er bewust naar te streven die sterke eigenschappen op het werk te gebruiken, indien mogelijk elke dag. Hij raadt aan werk te kiezen waarin je deze sterke eigenschappen op natuurlijke wijze kunt gebruiken. Als je dat niet kan, stelt hij voor je huidige werk dusdanig om te vormen dat je die eigenschappen zoveel mogelijk kunt gebruiken.'

'Eerder hadden we het erover dat mensen gelukkiger zijn op hun werk als ze hun werk als een roeping beschouwen. We zeiden dat je dat onder andere kon bereiken door je houding te veranderen en te proberen

* Bezoek voor meer informatie de volgende website: www.psych.upenn.edu/seligman/

een hoger doel of diepere betekenis in je werk te vinden. Volgens deze onderzoeker, Martin Seligman, is er nog een andere manier om je werk in een roeping te veranderen: door je sterke kenmerken te ontdekken en te gebruiken. Ik denk dat dat in zekere zin aansluit op het idee van zelfinzicht waarover u spreekt. Althans, dat op conventioneel niveau.'

'Als we het hebben over het gebruik van sterke kenmerken op het werk, denk ik dat u daar een goed voorbeeld van bent. Ik herinner mij dat wij in het verleden hebben gesproken over uw rol als leider van het Tibetaanse volk, en hoe succesvol u daarin bent geweest. En in sommige van onze discussies heeft u bijvoorbeeld de verschillen genoemd tussen de stijl van leiderschap van uzelf en die van de 13e Dalai Lama. Zo was de 13e Dalai Lama wat norser, zelfs streng. Uw stijl is anders, maar voorziet misschien beter in de behoeften van het Tibetaanse volk onder de huidige omstandigheden. En u heeft verschillende karaktereigenschappen bij uzelf ontdekt. Zoals een zekere informaliteit, oprechtheid, dat soort dingen. Dus u heeft ontdekt wat uw sterke eigenschappen zijn en hoe u die kunt toepassen om uw taak naar behoren te kunnen uitvoeren, te weten het leiden van het Tibetaanse volk. Althans, dat is een van uw taken. Dat sluit aan bij de gedachte dat je eerst precies moet weten wat je sterke punten zijn om ze vervolgens toe te passen in je werk. Klinkt dat aannemelijk?'

'Ik weet het niet... Ik vraag mij af of je dat een stijl of een sterke eigenschap moet noemen. Mijn kennis van het Engels is soms beperkt. Maar volgens mij zou je dingen als oprechtheid en informaliteit gewoon karaktereigenschappen kunnen noemen. Ik weet niet of je dat sterke punten kunt noemen. Maar bedoel je dat wanneer je karaktereigenschappen passen bij de omstandigheden en nuttig kunnen zijn, dat het dan een sterk punt wordt?'

'Zo zou je het ook kunnen zeggen, ja.'

'Want voor mij zouden dingen als eerlijkheid, oprechtheid en nederigheid sterke punten zijn. Dus ik ben er niet zeker van of ik je definitie begrijp. Ik heb bijvoorbeeld een krachtige stem, een luide stem. Dat is een van mijn eigenschappen.' Hij lachte. 'En ik geef hier en daar lezingen. Is die stem dan een sterk punt?'

'Nou, ik denk niet dat je een luide stem zomaar kunt beschouwen als een sterke eigenschap, tenzij u een lezing geeft zonder microfoons,' plaagde ik.

Hij bleef lachen. 'Dat is ongetwijfeld waar. Dat is een ding dat zeker is. Mijn broer ging onlangs op vakantie en hij logeerde ergens waar de mensen in de ernaast gelegen kamer hem de hele nacht wakker hebben gehouden met hun luide stem.' Zijn lach escaleerde toen hij zich het volgende herinnerde: 'En ik had vroeger een chauffeur die zo hard nieste dat je hem aan de andere kant van het gebouw kon horen. Leg mij dat idee over sterke punten eens nader uit. Wat zou je als sterke punten kunnen beschouwen?'

'Om eerlijk te zijn, kan ik mij niet alle eigenschappen op die lijst van Seligman herinneren, maar een luide stem is bijvoorbeeld niet noodzakelijkerwijs een sterke eigenschap. Het vermogen om duidelijk en effectief te communiceren zou je een sterke eigenschap kunnen noemen. Of nog een voorbeeld,' merkte ik op, terwijl hij nog steeds zat na te schudden van het lachen bij de gedachte aan de niesende chauffeur, 'het is mij opgevallen dat u altijd een geweldig gevoel voor humor heeft gehad, en die humor effectief heeft gebruikt om contact te leggen met anderen, onder uiteenlopende omstandigheden. Dat zou je volgens mij een sterke eigenschap kunnen noemen.'

'Maar dat,' zei hij, 'lijkt mij een natuurlijk iets, een eigenschap die vanzelf naar buiten komt, dat gaat van nature. Ik maak niet de bewuste keuze om humor te gebruiken. Dus het is mij niet helemaal duidelijk wat er dan met sterke punten wordt bedoeld.'

'Nou, wij hebben het over inzicht in jezelf. En hier hebben wij het over het herkennen van je natuurlijke positieve eigenschappen en vermogens, om die vermogens vervolgens te gebruiken en toe te passen in je werk. Zodra wij onze sterke kenmerken hebben vastgesteld, kunnen we er zelfs aan werken om ze te verbeteren, om ze uit te bouwen. Op die manier kan iemand zijn of haar werk veranderen in een roeping. Dat leidt tot grotere voldoening en grotere tevredenheid. U heeft bijvoorbeeld gezegd dat het geven van dat onderricht in Zuid-India niet gemakkelijk was. Ik vraag mij af of u bij het geven van dat onderricht bepaalde eigenschappen of vermogens heeft gebruikt, en of de ervaring u daardoor meer voldoening opleverde?'

'Aha,' zei hij. 'In die zin heb ik volgens mij één speciaal vermogen: de wijze waarop mijn geest werkt. Ik denk dat ik goed in staat ben een boeddhistische tekst te lezen, de essentie eruit te halen en dat goed samen te vatten. Dat is, denk ik, deels te danken aan het vermogen om het materiaal in een bredere context te plaatsen, en hoofdzakelijk aan mijn neiging om het materiaal in verband te brengen met mijn eigen leven, een verband te leggen met mijzelf en mijn persoonlijke ervaring, mijn emoties. Zelfs als ik boeken lees met zware filosofische teksten, over zware academische onderwerpen, filosofische concepten als leegte, betrek ik dat op mijn eigen ervaringen. Ik maak in mijn leven geen onderscheid tussen academische bezigheden en persoonlijke ervaringen – die staan met elkaar in verband. Het materiaal of de presentatie wordt dan niet droog en academisch, maar het wordt iets levendigs, iets wat uit het leven gegrepen is. Het wordt persoonlijk, iets wat betrekking heeft op mijn eigen innerlijke ervaring. Is dat ongeveer wat je bedoelt?'

Het werd mij opeens duidelijk waarom hij moeite had met het concept waarover wij spraken. We hadden het gehad over het idee dat je op zoek gaat naar je sterke punten om die bewust te gebruiken op het werk om meer voldoening te krijgen, om je werk te veranderen in een roeping. Maar het leek erop dat zijn privé-leven al zo volledig was geïntegreerd in zijn arbeidsleven dat je er absoluut geen scheiding meer in aan kon brengen. Bijgevolg had hij niet de behoefte strategieën te bedenken om hem gelukkiger te maken op zijn werk – hij had immers beweerd dat hij 'niets' deed voor de kost. Hij zag zijn intensieve activiteiten in de wereld niet als werk, maar simpelweg als een verlengstuk van zijn menszijn.

Toen ik mij dit realiseerde, zei ik: 'Ja. Dat lijkt mij een sterke eigenschap.' Het had geen zin dit verder uit te werken.

William is een voorbeeld van hoe het identificeren en benutten van je sterke eigenschappen op het werk een baan kan veranderen in een roeping, hoe je met creativiteit en inspanning je sterke eigenschappen op het werk kunt aanwenden, waardoor je arbeidsvreugde toeneemt. William is pas afgestudeerd aan de universiteit. Hij was opgetogen toen hij zijn graad in boekhouden behaalde en voor een grote accountantsfirma ging werken. Hij kreeg een gevoel van voldoening dat hij nooit eerder had ervaren en was dolblij de voordelen te ontdekken van een fatsoenlijk salaris, na jaren als student de eindjes aan elkaar te hebben moeten knopen, ploeterend om rond te komen van een minimumloon. Die aanvankelijke opluchting ebde snel weg en binnen een halfjaar zei hij: 'Ik begon mijn baan een beetje saai te vinden. Maar ik kon er niet achter komen waarom ik er niet meer zo van genoot als in het begin. Het werk was hetzelfde, ik had dezelfde baas, maar om de een of andere reden begon ik mij enigszins ontevreden te voelen met mijn baan. Over het algemeen vond ik het nog leuk werk, dus ik wilde niet van baan veranderen. Hoe dan ook, ik bedacht dat ik ook iets buiten mijn werk moest gaan doen, alleen om mijn verveling te verdrijven. Ik wilde iets creatiefs doen, want ik kon mijn creativiteit niet gebruiken op mijn werk...'

'Ja,' onderbrak ik hem, 'Enron en WorldCom zijn in de problemen geraakt door creatief boekhouden.'

William grinnikte en vervolgde: 'Hoe dan ook, ik besloot een avondcursus in Adobe Photoshop®, een computerprogramma voor beeldbewerking, te volgen. Ik vond het geweldig. Toen ik de cursus had afgerond, moest ik een rapport voor mijn werk maken, en ik besloot wat mooie kleurendiagrammen en andere plaatjes in mijn rapport op te nemen. Het zag er echt fantastisch uit en ik vond het ontzettend leuk om te doen. Een van mijn collega's zag toevallig mijn rapport en vroeg mij hetzelfde te doen voor een rapport waar zij aan werkte. Ze liet het overal zien en weldra kwamen andere collega's naar mij toe om mij te vragen hun rapporten van afbeeldingen te voorzien. Uiteindelijk kreeg mijn baas enkele van die rapporten te zien en riep mij naar zijn kantoor. Ik dacht dat ik misschien op het matje werd geroepen omdat ik mijn tijd verspilde aan dit soort dingen in plaats van berekeningen te maken, zoals ik behoorde te doen. Maar hij vertelde mij dat hij zeer ingenomen was met die rapporten, dat het de presentatie echt ten goede kwam, en veranderde mijn taakomschrijving. Ik maak nu ook illustraties. Ik werk nog steeds met getallen, dat vind ik ook leuk, maar de nieuwe taken zorgden voor enige afwisseling, en dat maakt mijn werk veel plezieriger. Ik ging mij zelfs verheugen op elke nieuwe werkdag.'

'We hebben het gehad over het belang van zelfinzicht en hoe je je zelfinzicht kunt vergroten door je beter bewust te worden van je persoonlijke kwaliteiten, sterke punten enzovoort. Maar u zei ook iets over zelfinzicht op een dieper niveau, het krijgen van een correct beeld van wie je bent. Kunt u mij uitleggen wat u daarmee bedoelt?'

'Ja, zoals ik al zei, is het belangrijk dat je zelfinzicht is gebaseerd op de realiteit, dat je je vermogens en karaktereigenschappen duidelijk herkent. Dat is heel belangrijk omdat het de kans op psychische en emotionele verstoringen vermindert. Dus ik denk dat het allereerst belangrijk is na te denken over de factoren die een groter zelfinzicht en bewustzijn belemmeren. Een voorname factor is misschien wel menselijke dwaasheid,' hij lachte, 'gewoon koppigheid. Daarmee bedoel ik het soort dwaze koppigheid dat mensen vaak vertonen in relatie tot ervaringen in het leven.'

'Wat bedoelt u met koppigheid?'

'Als je bijvoorbeeld volhoudt dat je altijd gelijk hebt, denkt dat de manier waarop jij tegen dingen aan kijkt de beste manier is om tegen dingen aan te kijken, of zelfs de enige manier om tegen dingen aan te kijken. Zo'n houding kan soms een gevoel van bescherming bieden, maar feitelijk gooi je de deur dicht en wil je niets weten van je mogelijke tekortkomingen. Ook buitensporige trots, wat vaak leidt tot een opgeblazen gevoel van eigenwaarde, verhindert de mogelijkheid om tot groter zelfinzicht te komen. Wanneer je bijvoorbeeld arrogant bent, sta je niet zo snel open voor de suggesties en kritiek van anderen, die cruciaal zijn om meer inzicht in jezelf te verwerven. Bovendien leidt een opgeblazen gevoel van eigenwaarde ertoe dat je onrealistische verwachtingen van jezelf krijgt, zodat je jezelf zwaar onder druk zet. Wanneer niet aan die verwachtingen wordt voldaan, wat vaak het geval is, wordt dit een bron van voortdurende onvrede.'

'Hoe kun je dan iets doen aan zo'n overschatting van je vermogens enzovoort?' vroeg ik.

'De eerste vereiste is dat de desbetreffende persoon er ook werkelijk iets aan wil veranderen. Je zou enige tijd kunnen nadenken over hoe zo'n houding problemen en lijden heeft veroorzaakt. De volgende stap is simpelweg denken aan de vele vakgebieden waarover je niets weet, de dingen en kennis die je mist – je kunt kijken naar anderen die deskundiger zijn dan jij. Dat kan de mate van arrogantie en eigenwaan verminderen.'

'Tegelijkertijd vormt een zeer lage dunk van je eigen vermogens ook een obstakel. Nederigheid is een goede eigenschap, maar je kunt ook te nederig zijn. Als je zo'n lage dunk van jezelf hebt, heeft dat een negatief effect, het sluit bijna vanzelf elke mogelijkheid uit om jezelf verder te ontwikkelen, omdat zo'n persoon automatisch geneigd is op een gebeurtenis te reageren met de gedachte: *nee, dit kan ik niet.* Om dat te overwinnen, zou je kunnen nadenken over je potentieel als mens om tot het besef te komen dat wij die wonderbaarlijke menselijke intelligentie tot onze beschikking hebben, die wij kunnen gebruiken om tal van dingen tot stand te brengen. Je hebt natuurlijk mensen met een geestelijke handicap die misschien niet in staat zijn hun intelligentie op dezelfde manier te gebruiken zoals wij, maar dat is iets anders.'

'Daarnaast zou ik ook een onrustige geestestoestand als obstakel voor meer zelfinzicht willen noemen. Aangezien zelfinzicht een bepaalde concentratie op je eigen vermogens en persoonlijke karakter vergt, zal er in een voortdurend onrustige geest simpelweg niet de ruimte ontstaan om serieus over jezelf na te denken.'

'Kan het, in die gevallen, nuttig zijn om ontspanningstechnieken te beoefenen? Of bepaalde vormen van eenpuntige of analytische meditatie waarover u heeft gesproken? Ervan uitgaande,' moest ik er als arts aan toevoegen, 'dat de onrust niet wordt veroorzaakt door een medische aandoening.'

'Dat helpt ongetwijfeld,' zei hij zelfverzekerd. 'Hoe dan ook, meer zelfinzicht of een beter begrip van jezelf betekent ook dat je meer greep krijgt op de realiteit. Het tegenovergestelde van realiteit is het op jezelf projecteren van kwaliteiten die er niet zijn, het jezelf toedichten van eigenschappen die in volledig contrast staan met de werkelijkheid. Wanneer je een verkeerd zelfbeeld hebt, omdat je bijvoorbeeld overdreven trots of arrogant bent, ga je door die geestesgesteldheid je kwaliteiten en persoonlijke vermogens overschatten. De opvatting over je eigen vermogens gaat dan ver voorbij aan je werkelijke vermogens. Als je echter een lage dunk hebt van jezelf, dan onderschat je je werkelijke kwaliteiten en vermogens. Je kleineert jezelf en je vernedert jezelf. Dit leidt tot een volslagen gebrek aan zelfvertrouwen. Die twee uitersten, overdrijving en onderwaardering, zijn allebei even destructief voor je persoon. Door deze obstakels aan te pakken en door constant onderzoek te doen naar je persoonlijke karakter, kwaliteiten en vermogens, kunnen we leren meer inzicht in onszelf te krijgen. Zo kun je je bewuster worden van jezelf.'

Hij zweeg een moment en voegde er daarna aan toe: 'Maar wat ik hier voorstel is toch eigenlijk niets nieuws?'

'Nieuw in welk opzicht?'

'Het lijkt mij dat dit allemaal een kwestie is van gezond verstand. Als iemand zijn verstand gebruikt, komen al deze antwoorden vanzelf.'

'Dat is misschien waar,' gaf ik toe, 'maar soms lijkt het gezond verstand in onze maatschappij ver te zoeken. Mensen kunnen altijd een extra portie gezond verstand gebruiken.'

'Ik weet niet of dat zo is,' zei hij, 'want ik denk dat gezond verstand nodig is voor vooruitgang, om dingen tot stand te brengen. Je kunt geen grote dingen bewerkstelligen zonder een greintje gezond verstand. En ik vind dat ze in Amerika veel tot stand hebben gebracht. Dus er moet toch enig gezond verstand aanwezig zijn.'

'Nou ja, daar heeft u waarschijnlijk gelijk in. Maar dan nog, mensen nemen niet altijd de tijd om eens rustig na te denken, zichzelf te herinneren aan dit soort verstandige dingen. En soms horen we dezelfde verstandige dingen van anderen, maar als je moeder of een vervelende oom het zegt dan zijn we geneigd het te negeren. Als u het zegt, luisteren de mensen misschien eerder.'

Daar moest de Dalai Lama hartelijk om te lachen. 'Omdat ik "de Dalai Lama" ben? Weet je, Howard, we hebben het zojuist gehad over overdrijven, en ik denk dat je nu toch overdrijft!'

'Maar goed, ik denk dat zelfwaardering, het ontwikkelen van een correct en realistisch zelfbeeld door zorgvuldige observatie, leidt tot meer zelfinzicht. Ik denk dat inzicht in jezelf een cruciale factor is als je het hebt over arbeidsvreugde. En het kan zelfs andere gunstige neveneffecten hebben.'

'Zoals?' vroeg ik.

'Is het niet zo,' begon hij, 'dat mensen zich ongelukkig voelen op hun werk wanneer ze door anderen worden bekritiseerd? Of als het niet direct om kritiek gaat, dat mensen hun gevoel van voldoening of eigenwaarde te veel laten afhangen van de mening van anderen, en ontmoedigd raken als ze niet voldoende erkenning krijgen?'

'Absoluut.'

Dat was een kenmerk van werknemers over heel de wereld. Sterker nog, uit een onderzoek van International Survey Research bleek dat twee van de drie topprioriteiten voor Britse werknemers te maken hadden met erkenning voor de werkprestatie en een respectvolle behandeling.

'Als je zelfinzicht hebt,' ging de Dalai Lama verder, 'een realistisch beeld van je eigen vermogens, kun je natuurlijk nog steeds net zoveel kritiek krijgen, maar het kan de manier waarop iemand reageert op die kritiek beïnvloeden. Dat komt omdat die realistische visie je een zekere mate van zelfvertrouwen geeft, een zekere innerlijke kracht. Je weet waar je werkelijk toe in staat bent, en ook wat je beperkingen zijn. En daardoor word je minder gekwetst door wat anderen zeggen. Als je dan bekritiseerd wordt, en de kritiek is terecht, kun je dat gemakkelijk accepteren en zien als een mogelijkheid om iets over jezelf te leren. Als je echter valselijk van iets wordt beschuldigd, zul je niet zo fel reageren omdat je diep vanbinnen weet dat het niet waar is, je kent jezelf. En als mensen vertrouwen hebben in hun positieve innerlijke kwaliteiten en hun vaardigheden en kennis, zijn ze ook niet zo afhankelijk van de complimentjes van anderen om dat gevoel van voldoening te krijgen.'

'Als je de immense waarde van zelfinzicht onderkent,' legde de Dalai Lama tot slot uit, 'zul je, zelfs als je een bepaald soort werk of een nieuwe baan probeert en faalt, niet zo teleurgesteld zijn, want je kunt de ervaring beschouwen als een middel om je zelfinzicht te vergroten, als een middel om erachter te komen wat je wel en niet kunt – je zou het bijna kunnen zien als het afleggen van een persoonlijkheidsexamen. En zelfinzicht vermindert ook de kans op mislukking, omdat je geen dingen onderneemt vanuit onwetendheid, geen werk aanneemt dat buiten je vermogen ligt. Hoe dichter je bij de werkelijkheid staat, hoe minder teleurstellingen en frustraties je zult ervaren. Dat verdwijnt.'

De Dalai Lama wijst terecht op het belang van zelfbewustzijn als een belangrijke factor in geluk op het werk. Zijn concept van zelfbewustzijn gaat echter verder dan alleen het kennen van je specifieke vaardigheden of talenten. Volgens hem zijn, naast zelfonderzoek, de elementen eerlijkheid en moed benodigd voor zelfinzicht – het gaat erom tot een juiste beoordeling van jezelf te komen, de realiteit helder voor ogen te houden, zonder overdrijving of vervorming.

De voordelen van een juiste waardering van jezelf zijn duidelijk. In een onderzoek uit 2002, geleid door dr. Barry Goldman, hoogleraar management en beleid aan de universiteit van Arizona, bleken mensen met een groot besef van hun eigen identiteit niet alleen meer arbeidsvreugde, maar ook een hoger niveau van persoonlijk welzijn en algehele levensvreugde te ervaren. Het onderzoek van Goldman en zijn collega's definieerde persoonlijke identiteit als 'een psychologische gesteldheid die een weerspiegeling vormt van zelfkennis, een krachtig, consistent gevoel van persoonlijke waarden en iemands vermogen om zijn of haar conclusies stand te doen houden wanneer men wordt geconfronteerd met het verzet van anderen'. Grotere zelfkennis werd dus geassocieerd met vertrouwen in je eigen oordeel, wat erop lijkt te duiden dat iemand minder geraakt wordt door de onterechte kritiek van anderen en zijn of haar gevoel van eigenwaarde mogelijk minder laat afhangen van de loftuitingen van anderen. Naast een grotere arbeids- en levensvreugde, hebben andere onderzoekers ontdekt dat het hebben van veel zelfvertrouwen ook andere voordelen kan hebben, zoals een vermindering van huwelijksproblemen.

De gunstige effecten van zelfinzicht zijn duidelijk, net als de ongunstige effecten van een verkeerd zelfbeeld. De negatieve gevolgen van een verkeerd zelfbeeld kunnen voldoende worden aangetoond door simpelweg ons leven en dat van mensen om ons heen te onderzoeken. In mijn geval zijn de ongunstige effecten niet alleen in mijn vroegere beroepsleven als psychotherapeut zonneklaar geworden, maar ook in mijn privé-leven te midden van vrienden en kennissen. Een gebrek aan zelfrespect en het onderschatten van je vermogens kan verlammend werken, ieder persoonlijk initiatief smoren en het individu ervan weerhouden nieuwe mogelijkheden te onderzoeken. Uiteindelijk kan het de verwezenlijking van je volledige potentieel belemmeren, het bereiken van je doelen in de weg staan. Een opgeblazen zelfbeeld kan net zo verwoestend werken, omdat het individu dan voortdurend in de clinch ligt met een wereld die weigert hem of haar te zien zoals hij of zij zichzelf ziet: in het middelpunt van het universum, een miskend genie in een wereld vol idioten. In menig opzicht is gebrek aan zelfrespect echter gemakkelijker te overwinnen dan een opgeblazen zelfbeeld. Mensen met weinig gevoel van eigenwaarde zijn geneigd zichzelf van alles de schuld te geven, dus vaak erkennen ze tenminste dat ze een probleem hebben dat aangepakt moet worden. Ze zullen veel eerder professionele hulp zoeken om hun gebrek aan zelfrespect of bijkomende aandoeningen zoals depressie, iets wat soms ook aanwezig is, te overwinnen. Mensen aan de andere kant van het spectrum, die een overdreven beeld hebben van hun prestaties en talenten, zijn echter geneigd de wereld de schuld te geven van hun problemen. Zij zijn immers volmaakt, dus moet het wel aan anderen liggen. Vaak lukt het hun niet in te zien hoe hun arrogantie en het gevoel dat ze overal recht op hebben anderen van hen vervreemdt, en wie weet vragen ze zich af waarom ze zo weinig goede vrienden hebben. Hoewel hun feitelijke prestaties misschien bescheiden zijn, laten ze een project al snel vallen wanneer ze niet meteen de erkenning krijgen die ze in hun ogen verdienen, zodat ze er uiteindelijk niet in slagen hun doelen na te streven.

Maar het herkennen van de destructieve aard van arrogantie is niet altijd eenvoudig. Hoe kunnen we bijvoorbeeld onderscheid maken tussen arrogantie en gezond zelfvertrouwen? In een van de gesprekken die resulteerden in ons eerste boek, *De kunst van het geluk*, vroeg ik de Dalai Lama hoe je bij jezelf kon vaststellen of je arrogant of gewoon zelfverzekerd was. Hij antwoordde dat mensen met zelfvertrouwen gegronde redenen hebben voor dat vertrouwen, ze hebben de vaardigheden en vermogens om hun vertrouwen te ondersteunen, terwijl arrogante mensen niet met beide benen op de grond staan, ze hebben geen gegronde redenen voor hun opgeblazen zelfbeeld. Ik herinnerde de Dalai Lama eraan dat dit geen nuttig onderscheid zou vormen voor arrogante mensen, omdat die altijd het gevoel hebben dat hun mening over zichzelf wel gerechtvaardigd is. Toegevend dat het onderscheid tussen zelfvertrouwen en arrogantie lastig is, haalde de Dalai Lama ten slotte zijn schouders op, lachte en grapte: 'Misschien moet zo iemand naar de rechtbank stappen om erachter te komen of het een geval is van arrogantie of zelfvertrouwen!' Toen hij een tijdje later was uitgebulderd, merkte hij op dat je zoiets soms alleen achteraf kunt vaststellen, door te kijken naar de resultaten van je handelingen, of die uiteindelijk gunstig of ongunstig voor anderen en jezelf zijn geweest.

De eerste stap bij het overwinnen van arrogantie en een opgeblazen zelfbeeld, is het erkennen van de schadelijke effecten ervan, en daarvoor moeten we soms de uitkomst of resultaten van onze opvattingen en handelingen analyseren. Zo'n terugblikkende aanpak verandert misschien niets aan de gevolgen van fouten die wij in het verleden hebben gemaakt, maar het kan ons beslist motiveren onze opvattingen opnieuw te evalueren, een beter inzicht te krijgen in onszelf, meer zelfkennis op te bouwen en aldus onze toekomst positief vorm te geven.

Fred is een voorbeeld van hoe schadelijk de effecten van een opgeblazen zelfbeeld kunnen zijn. Ik ontmoette hem enige tijd terug, na een lezing die ik gaf voor de plaatselijke schrijversvereniging. Na mijn lezing dreef Fred mij in het nauw en vroeg om advies. Hij was halverwege de veertig. Met een professorachtige manier van doen en superieure houding, introduceerde hij zichzelf als een vriend van een vriendin van mij. Hij begon met het opsommen van zijn academische kwalificaties, die vrij indrukwekkend waren. Schijnbaar toonde hij zich al op jonge leeftijd een veelbelovend academicus en was hij een briljant student geweest. Hij was op negentienjarige leeftijd met hoge cijfers afgestudeerd aan een prestigieuze universiteit. Hij liet er al snel geen misverstand over bestaan dat hij zichzelf in staat achtte tot grote literaire hoogten te stijgen. Toen hij mij uitlegde dat hij een geweldig idee had voor een boek, gebaseerd op onderzoek dat hij als doctorandus had verricht, haalde hij abrupt en ongegeneerd een stapel losse papieren uit zijn aktetas, verklarend dat dit een deel van het materiaal was dat hij in zijn boek wilde opnemen. Een paar minuten later had hij mij gevraagd dit materiaal niet alleen te lezen en te beoordelen, maar ook of ik hem aan een literair agent of uitgever kon helpen. Ik wilde hem uitleggen dat ik hem het allerbeste wenste, maar dat ik vanwege mijn drukke schema zijn verzoek niet kon inwilligen. Bovendien, legde ik uit, waren er een heleboel mensen, zoals leraren Engels of professionele redacteurs, die veel beter in staat waren om zijn materiaal te beoordelen. Hij liet zich niet uit het veld slaan en bleef aandringen, en omdat hij een vriend van een vriendin van mij was, stemde ik met tegenzin toe hem een uurtje te woord te staan en zoveel mogelijk advies te geven. We gingen buiten op een bank zitten en ik begon de eerste twintig bladzijden van zijn stapel te lezen om mij een beeld te vormen van zijn werk. Zijn schrijfstijl stond mij aan, maar zelfs met mijn ongeoefende oog zag ik dat er nog aan geschaafd moest worden alvorens het bij een uitgeverij te kunnen indienen. Daarna legde ik hem uitvoerig uit hoe je een boek gepubliceerd kunt krijgen. Ik gaf hem precieze instructies over hoe je een officieel voorstel voor een boek schrijft, de eerste stap. Ik gaf hem ook de namen van een paar literair agenten die ik kende, plus een beknopte lijst met goede boeken over hoe je als schrijver je boek gepubliceerd krijgt. Tot slot sprak ik bemoedigende woorden, maar benadrukte het belang van doorzettingsvermogen, de sleutel tot het succes, naar mijn mening. Ik vertelde dat *De kunst van het geluk* in de loop van een paar jaar door tientallen agenten en uitgevers was geweigerd, en hoe moeilijk het was om je allereerste boek gepubliceerd te krijgen. Na bijna twee uur verontschuldigde ik mijzelf en met een opgewekt 'Dus geef het niet op!' nam ik de benen. Maar daar bleef het niet bij. Hij had bij mijn vriendin onder een of ander voorwendsel mijn privé-nummer weten los te peuteren, en belde mij in de weken daarna steeds op ongelegen tijdstippen voor lange gesprekken over zijn ideeën voor het boek. Na vier of vijf van die gesprekken zei ik er eindelijk iets van en liet ik hem weten dat ik hem het allerbeste wenste, maar dat ik op dat moment te veel andere verplichtingen had om er nog meer tijd aan te besteden. En ik herhaalde opnieuw mijn eerdere advies, gaf hem zelfs nog explicietere instructies over het protocol voor het schrijven van een officieel boekvoorstel, de procedure om een literair agent te vinden, en nog een paar extra titels van boeken over het onderwerp. Daarna hoorde ik niets meer van hem. Een paar maanden later liep ik mijn vriendin tegen het lijf die Fred kende. Ik vroeg haar naar Fred en hoever hij al was met zijn boek. Mijn vriendin bood snel haar excuses aan en zei dat ze hem al jaren kende, maar dat hij haar meer dan eens in verlegenheid had gebracht door haar naam te gebruiken om zichzelf te introduceren, waarna hij de ander prompt om een of andere persoonlijke gunst vroeg, alsof men hem dat verschuldigd was. Ze waarschuwde mij dat hij ongetwijfeld mijn naam zou gebruiken om zichzelf te introduceren bij de literair agenten die ik hem had aanbevolen. Daarna vertelde ze dat ze hem onlangs nog had gezien en bracht mij op de hoogte van de laatste ontwikkelingen. Hij had zijn project kennelijk 'in de ijskast' gestopt. Hij had inderdaad de agenten gebeld die ik had aangeraden, en nog een paar andere. En steeds wist hij met het noemen van de juiste namen door te dringen tot de agent. Zoals verwacht wilden alle agenten dat hij een officieel boekvoorstel opstuurde. Tot op heden had Fred dat niet gedaan. Verbaasd dit te horen, vroeg ik mijn vriendin waarom hij dat niet had gedaan, wetende dat het met de moordende concurrentie in de hedendaagse uitgeverswereld al een hele prestatie is om een literair agent alleen maar naar een voorstel te laten kijken. Ze vertelde mij toen dat Fred vond dat de agenten zich enthousiaster hadden moeten tonen voor zijn idee, dat ze op grond van zijn beschrijving van het boek hadden moeten kunnen besluiten of ze hem wel of niet wilden vertegenwoordigen. Bovendien had Fred gezegd dat het schrijven van een boek, of zelfs maar een boekvoorstel, een heleboel tijd en moeite kostte. Hij had geen zin om puur op grond van speculatie die tijd en moeite erin te steken – hij wilde eerst een getekend contract in de wacht slepen en een voorschot krijgen alvorens zijn kostbare tijd aan het project te besteden.

Het behoeft geen betoog dat Fred een klassiek voorbeeld is van hoe je je inspanningen om een doel te verwezenlijken kunt saboteren door je talenten, vermogens en vaardigheden te overschatten. Maar of we nu worden belemmerd in het bereiken van een doel omdat we onze vermogens en vaardigheden overschatten of onderschatten, het lijdt weinig twijfel dat hoe groter ons zelfinzicht en zelfbewustzijn wordt, hoe meer ons zelfbeeld overeenkomt met de realiteit, en hoe gelukkiger wij thuis en op het werk zullen zijn.

7
WERK EN IDENTITEIT

Een van de dingen die ingrijpend zijn in het leven van mensen is het verliezen van je baan. In misschien wel het uitvoerigste onderzoek naar levensvreugde dat ooit is uitgevoerd, een enquête die werd gehouden onder 169.776 mensen in zestien landen, ontdekte de politicoloog Ronald Inglehart dat werkloosheid een van de weinige factoren is die een aanmerkelijke daling in levensvreugde teweegbracht.

'Er is duidelijk bewijs dat werkloosheid verband houdt met ongelukkig-zijn,' begon ik op een middag. 'Dit is overal in de wereld een belangrijk probleem, en ik vraag mij af of u over dat onderwerp heeft nagedacht.'

'Weet je, pas toen ik vertrouwd raakte met westerse samenlevingen hoorde ik voor het eerst dat werkloosheid zo'n directe invloed heeft op gezinnen en individuen. En toen ik dat hoorde, was ik lichtelijk verrast omdat ik er nooit eerder van had gehoord. Het Tibetaans kent zelfs geen woord voor werkloosheid.'

'Hoe komt dat?' vroeg ik enigszins verbaasd.

'Nou, als we het hier hebben over werkgelegenheid of banen, bedoelen we meestal de gebruikelijke banen van negen tot vijf die je zo vaak in westerse landen tegenkomt. Dat concept was de traditionele Tibetaanse gemeenschap totaal vreemd. Natuurlijk heb ik het dan niet over veel moderne Tibetanen die in het Westen of in stedelijke gebieden leven. Maar in de traditionele Tibetaanse samenleving waren mensen hoofdzakelijk boer, herder of koopman. Het idee dat je een vast aantal uren werkt, bestond simpelweg niet. In het Westen zijn de economische omstandigheden en gemeenschappelijke structuren dusdanig dat dit soort banen een integraal deel uitmaakt van het arbeidsproces.'

'Onder Tibetanen, althans traditioneel gezien, zijn de economische omstandigheden dusdanig dat zo'n baan, waarbij je dagelijks van negen tot vijf werkt, niet wezenlijk deel uitmaakt van het arbeidsproces. In Tibet ben je een boer of een nomade of een koopman. Het werk is seizoensgebonden. Omdat Tibetanen gewend zijn aan dat patroon, vinden ze dat heel natuurlijk. Als je kijkt naar de mensen die hier in McLeod Ganj* wonen, dan zie je dat velen van hen nu een winkel hebben en dat velen van hen in Indiase steden een soort traditionele seizoenshandel drijven. Tijdens het seizoen werken ze heel hard en wanneer ze klaar zijn,

* McLeod Ganj is een bergdorp in de buurt van de Indiase stad Dharamsala en het verblijf van een Tibetaanse gemeenschap in ballingschap.

komen ze terug en hebben ze geen werk meer. Ik heb zelfs een keer voorgesteld om in de tijd buiten het seizoen een soort werkprogramma op te zetten, zoals het schoonmaken van wol of katoen of ander werk, maar ze begrijpen het idee van werkloosheid niet, dus mijn voorstel vond weinig weerklank.'

Hij wreef zich over de kin, verzonken in gedachten. 'In de moderne maatschappij, en met name in geïndustrialiseerde landen, is het vraagstuk van werkloosheid een zeer lastig probleem,' verzuchtte hij. 'Er zijn geen gemakkelijke oplossingen. Ik weet het niet. Je kunt niet anders dan proberen ermee om te gaan, en je best te doen nieuw werk te vinden. Er zit gewoon niets anders op.'

'Echter, opnieuw speelt de basishouding van het individu hier een heel belangrijke rol, en dat kan de manier waarop iemand reageert sterk beïnvloeden. Hoewel we onze situatie misschien niet kunnen beïnvloeden, kunnen we wel wat aan onze houding doen. Dus we moeten ons allereerst realiseren dat onzekerheid en verandering deel uitmaken van de moderne economie, met name met betrekking tot werkgelegenheid. Dat is een ernstig probleem, maar een feit dat we moeten accepteren. Als je vandaag werkt, heb je niet de garantie dat je morgen nog een baan hebt. Als je dat van tevoren begrijpt, kan dat de reactie op het verliezen van een baan veranderen. Dan zijn we niet zo verrast, krijgen we niet het gevoel dat het alleen met ons te maken heeft. We begrijpen dat er bij een ontslag vele factoren in het spel zijn, dat het gaat om het gevolg van tal van oorzaken en omstandigheden. We zullen begrijpen dat het in veel gevallen zelfs terug te voeren is op problemen in de wereldeconomie. Op die manier raak je minder van streek omdat je het niet persoonlijk opvat of op zoek gaat naar iemand die je de schuld kunt geven. Dit alleen al kan je geestelijke onrust verminderen. Maar dan hebben we het natuurlijk over werkloosheid ten gevolge van oorzaken op grotere schaal of gedwongen ontslagen, niet over een ontslag omdat je zelf onbekwaam bent.'

'Je kunt dus op verschillende manieren reageren op de uitdaging van verandering. Het is belangrijk dat je het feit van verandering onderkent en probeert uit te vinden hoe je zo goed mogelijk met het probleem zelf kunt omgaan. Als je bijvoorbeeld werk nodig hebt om in je levensonderhoud te voorzien en je wordt werkloos, dan moet je alles op alles zetten om nieuw werk te vinden, zodat je levensonderhoud geen gevaar loopt. Maar er zijn twee reacties mogelijk. Je kunt ontmoedigd raken en verlammende gedachten krijgen als: *er is geen hoop, ik heb mijn baan verloren, wat moet ik nu doen?* Je kunt dezelfde situatie echter ook gebruiken als een gelegenheid om veranderingen aan te brengen in je leven. Dan wordt het een uitdaging. Dat is een positievere benadering, een actievere manier om dit probleem aan te pakken. Maar dat is natuurlijk niet gemakkelijk.'

'Er kunnen ook andere manieren zijn die mogelijk helpen om tenminste de geestelijke angst om met de situatie om te gaan te verminderen, zodat je al je mentale energie kunt gebruiken om nieuw werk te vinden. Voor boeddhisten zijn er bepaalde denkprocessen en overwegingen die kunnen helpen, zoals het geloof in karma en de verantwoordelijkheid van je eigen karma op je nemen. Hoewel je met zo'n geestelijke houding de situatie misschien niet concreet oplost, kan het helpen om het psychische effect van het verliezen van je baan enzovoort te verlichten. En mensen die een ander geloof aanhangen, kunnen uiteraard ook enige troost putten uit hun eigen overtuigingen.'

'Ik moet daar overigens bij opmerken dat een concept als karma mogelijk gevaarlijk kan zijn als je het niet goed begrijpt. Want in sommige gevallen kunnen mensen met een beperkt begrip van karma heel fatalistisch worden. Ze denken dat karma betekent dat alles wat gebeurt voorbestemd is, alsof je als individu niets meer hebt in te brengen, niets kunt doen om je leven richting te geven. Maar dat klopt niet. Als je karma zo fatalistisch interpreteert, kunnen dit soort religieuze concepten uitgroeien tot datgene wat de communistische Chinezen over religie beweren, namelijk dat het een instrument is voor uitbuiters, want de uitbuiters kunnen dan zeggen: "Het lijden dat je nu ervaart, is wat je verdient, het is je karma."'

De Dalai Lama deed er goed aan het mogelijke gevaar van een verkeerd begrip van karma aan te stippen. Ik had onder westerlingen vaak het fenomeen geconstateerd dat hij beschreef: de neiging om iemand de schuld te geven van zijn of haar eigen ongeluk, of karma alleen te zien als het noodlot, geassocieerd met een gevoel van berusting en hopeloosheid. Als je je baan verliest, is dat je eigen schuld, dan heb je in een vorig leven vast iets heel slechts uitgespookt; of de gedachte: *ik heb mijn baan verloren, maar ik kan er eigenlijk niets aan doen, het is mijn karma.* Deze misvattingen zijn vaak te wijten aan het feit dat de idee van karma gebaseerd is op de wet van oorzaak en gevolg, de theorie dat je huidige omstandigheden het gevolg zijn van vroegere daden, in dit leven of in een vorig leven. Maar wat veel mensen vergeten is de actieve component van karma. Sterker nog, de wortel van het Sanskritische woord karma betekent 'actie'. En zoals je vroegere daden mogelijk hebben bijgedragen tot je huidige omstandigheden, zo kunnen je huidige daden ook je toekomst veranderen. Daarnaast is het boeddhistische concept van karma oneindig veel gecompliceerder dan in het Westen doorgaans wordt onderkend. Je huidige ervaringen zijn bijvoorbeeld het gevolg van een complexe interactie tussen vroegere handelingen van lichaam, spraak en geest. Door onheilzame handelingen in het verleden hebben we misschien de basis gelegd voor negatieve consequenties, de zaadjes geplant voor ons toekomstige ongeluk. Echter, met heilzame handelingen en een zuivere motivatie is het ook mogelijk om de manifestatie van die gevolgen af te zwakken.

Na de waarschuwing om het concept karma niet verkeerd te interpreteren, keerde de Dalai Lama snel terug naar het huidige onderwerp. 'Er is nog iets belangrijks wat je moet onderkennen wanneer je met dit soort problemen worstelt en dient te reageren op het verlies van je baan, of zelfs je pensionering. En dat heeft te maken met je zelfbeeld en het feit dat sommige mensen zich zo sterk identificeren met hun rol op het werk, dat hun zelfbeeld zo verweven is met de rol die ze spelen, of soms met de hoeveelheid geld die ze verdienen, dat ze het gevoel krijgen alsof ze ophouden te bestaan zodra ze hun baan verliezen. Dat zijn mensen die de allergrootste waarde toekennen aan geld of roem of dat soort dingen in plaats van aan innerlijke waarden, goede menselijke basiseigenschappen. Ik heb in de loop der jaren bijvoorbeeld enkele Indiase ambtenaren gekend en de gelegenheid gehad om te observeren hoe verschillend ze reageren op een ontslag en met name pensionering. Er zaten ambtenaren bij die hun identiteit hoofdzakelijk op hun positie baseerden en hun heil eigenlijk in hun titel zochten. In veel gevallen intimideerden deze ambtenaren hun ondergeschikten en genoten ze doorgaans met volle teugen van hun macht en positie, soms misbruikten ze hun macht zelfs. Ik heb echter ook anderen gekend die hun identiteit meer op menselijke basiskwaliteiten en eigenschappen leken te baseren, die zich identificeerden met het zijn van een goed persoon, een oprecht persoon, een nederig persoon, en ze behandelden hun ondergeschikten dienovereenkomstig. Daarna heb ik gezien wat er gebeurt als ze hun baan niet meer hebben. De eerste categorie individuen doet het in die situatie vaak niet goed. Ze worden verlaten door degenen die ze onheus hebben bejegend en zonder baan lijkt het bijna alsof ze fysiek krimpen, ze hebben geen besef van identiteit, geen gevoel van eigenwaarde. De anderen doorstaan de overgang beter. Ze worden nog steeds gerespecteerd door anderen en zichzelf. Ze hebben nog zelfvertrouwen. En degenen die met pensioen gaan zien dat als een mogelijkheid om nieuwe dingen te exploreren. Ze reageren veel enthousiaster op zo'n situatie. Ze willen dingen proberen die ze altijd al hadden willen doen maar waar ze nooit tijd voor hadden. Dus verschillende mensen lijken heel verschillend te reageren onder dezelfde omstandigheden.'

'Ik weet precies wat u bedoelt,' zei ik. 'Toen ik patiëntgerichte psychotherapie beoefende, kwam ik mensen tegen die hun baan hadden verloren, of gepensioneerd waren, en dat kon in de praktijk tot een zware depressie leiden. Ik heb machtige president-directeuren gezien die hun baan verloren en wanneer ze hun identiteit hoofdzakelijk aan hun werk ontleenden, was het net alsof ze in een zombie veranderd waren. Dus als u mensen advies zou geven... wat zou u tegen hen zeggen?' vroeg ik. 'Wat zou u mensen die zich heel sterk identificeren met hun baan willen adviseren?'

'Ik zou tegen hen zeggen dat ze ongelooflijk dwaas en stom zijn!' Hij lachte. 'Er valt niet zoveel meer over te zeggen, tenzij mensen werkelijk bereid zijn hun fundamentele houding te veranderen. Als je de geestelijke onrust die gepaard kan gaan met het verliezen van je baan wilt voorkomen, is het verstandig om je zelfbeeld te verruimen. Zie jezelf allereerst als een mens, met het vermogen om vriendschap te sluiten, vriendelijkheid te betrachten enzovoort, en realiseer je vervolgens dat je naast de rol op je werk nog tal van andere rollen hebt – misschien de rol van ouder of kind of broer of zuster. Wie weet heb je naast je werk nog andere interesses of hobby's. Je moet je leven meer in evenwicht brengen. Niet alles draait om werk en hoeveel geld je verdient.'

'Als je werk zoekt, of als je al een baan hebt, is het belangrijk te onthouden dat een mens geen machine is, louter ontworpen om te produceren. Nee! Het menselijk leven is niet alleen bedoeld om te werken, zoals bij de communistische visie waarin het ieders taak is om te werken voor de staat en er geen individuele vrijheid bestaat, waar de staat zelfs de vakantie van mensen regelt en alles van de wieg tot het graf voor het individu is uitgestippeld. Dat is geen volwaardig mensenleven. Individualiteit is heel belangrijk voor een volwaardig mensenleven, en bijgevolg enige vrije tijd, een beetje vakantie en tijd om met familie en vrienden door te brengen. Zo kun je een volwaardig leven opbouwen. Als iemand alleen maar aan geld denkt, ten koste van andere menselijke waarden, goede eigenschappen, dan zeg ik: nee, nee, nee!' riep hij met nadruk. 'Als je leven slechts een medium voor productie wordt, dan zullen veel van de goede menselijke waarden en eigenschappen verloren gaan, dan zul je niet, dan kun je zelfs niet, een volwaardig persoon worden.'

'Dus als je op zoek bent naar werk en je hebt de keuze uit meerdere banen, kies dan de baan die je de mogelijkheid biedt voor enige creativiteit en je tijd geeft om met je familie door te brengen. Ook al betekent dat dat je minder verdient, ik denk dat het beter is werk te kiezen dat minder veeleisend is, waarbij je meer vrijheid hebt, meer tijd overhoudt om bij je familie te zijn of andere dingen te doen, zoals lezen, culturele activiteiten of gewoon spelen. Ik denk dat dat het beste is.'

Zoals altijd eindigde de Dalai Lama met een praktische aanbeveling. Maar het is niet altijd gemakkelijk om het praktische in de praktijk te brengen. We kunnen soms gemakkelijk vergeten wat het leven de moeite waard maakt. Hoewel het beter is onze identiteit niet volledig op te hangen aan onze baan, is het niet altijd eenvoudig om dat advies op te volgen.

Ik herinner mij een geval van jaren geleden uit mijn psychiatrische praktijk. Een bekende president-directeur in de media-industrie besloot op een dag dat hij niet langer kon werken bij het zeer succesvolle bedrijf dat hij had opgebouwd. Het was een paar jaar eerder verkocht aan een groot concern. Omdat hij niet langer de grote baas was, kreeg hij het gevoel dat hij steeds minder te zeggen had, aangezien grote beslissingen hem uit handen werden genomen. Kort daarop deed de moedermaatschappij een aankoop die invloed zou hebben op de nettowinst van zijn afdeling. Hij had het gevoel dat zijn status en macht binnen het bedrijf waren verdwenen en besloot ontslag te nemen.

Het is moeilijk een gesprek met deze man aan te gaan zonder dat het in een klaagsessie over zijn ex-collega's en de armzalige toestand van zijn bedrijf verandert. En het is nog moeilijker hem om zich heen te laten kijken naar zijn zeer rijke leven en te laten genieten van de vruchten daarvan. Hij is verloren zonder zijn vroegere rol en status. Hij heeft geen waardering voor de rol die hij in zijn gemeenschap heeft gespeeld door les- en adviesprogramma's op te zetten tussen zijn bedrijf en lokale scholen. Hij heeft geen waardering voor zijn nieuwe deeltijdbaan als leraar aan een universiteit van de Ivy League. Hij heeft geen waardering voor de vreugde die hij zijn naaste vrienden en familie schenkt. Hoe zet zo iemand weer een stap voorwaarts, zonder de rol waarvoor hij het merendeel van zijn bestaan bijna exclusief heeft geleefd?

Dit wordt lastiger aan het eind van een carrière. Helaas boekte ik met mijn therapie heel weinig vooruitgang bij deze man, omdat hij zich zo diep had ingegraven in zijn werk. Ik kon niet veel meer doen dan medicatie voorschrijven om hem te helpen met zijn depressie die was ingetreden nadat hij zijn werk had verlaten. Als je bijtijds begint, zijn er echter strategieën om je identiteit boven je werk te laten uitstijgen. Een vriendin beschreef een strategie die zij al vele jaren met succes gebruikt. 'Ik bereikte in mijn carrière een punt waarop mijn hele leven in het teken stond van werk. Ik voelde mij goed als het goed ging op mijn werk en slecht als het slecht ging op mijn werk, mijn sociale leven kwam op de tweede plaats. Naarmate ik opklom, na een stel promoties, werd de concurrentie groter en als je je baan op dat niveau verliest, is het veel moeilijker om weer vergelijkbaar werk te vinden. Ik begon slecht te slapen en werd nogal heetgebakerd omdat ik mij zorgen maakte over mijn carrière. Ik kreeg zelfs hevige paniekaanvallen. Ik had mijzelf in mijn werk verloren, dus er moest iets gebeuren. Ik moest een manier vinden om mijn identiteit los te koppelen van mijn werk. Ik begon elke dag steeds opnieuw te denken aan hoe mijn leven eruit zou zien als ik ontslagen zou worden. Ik stelde mij voor hoe het gesprek met mijn baas zou verlopen wanneer ik de laan zou worden uitgestuurd, hoe mijn collega's mij daarna zouden behandelen (ongetwijfeld alsof ik melaats was), of mensen bevriend met mij zouden blijven of dat ze mij als een baksteen zouden laten vallen nu ik mijn hoge positie had verloren. Ik stelde mij voor hoe het zou zijn om een andere baan te vinden, en hoe het zou zijn als ik niet meer aan de bak kwam in mijn vak en serveerster moest worden of zoiets. Toen ik dat jaren had gedaan, begon ik mij te realiseren dat ik misschien mijn status en inkomen zou verliezen, maar dat ik nog steeds in staat zou zijn manieren te vinden om in mijn levensonderhoud te voorzien en toen begon ik te ontspannen. Ik herinnerde mij eraan dat mijn rol als vriendin, zuster, vrouw, tante en adviseur van jongeren net zo belangrijk was. Dat zorgde ervoor dat ik creatiever werd op het werk,' vertelde ze. 'Omdat ik niet langer bang was mijn baan te verliezen, deed ik sneller mijn mond open en durfde ik risico's te nemen die uiteindelijk resultaat opleverden.'

Het is de moeite waard om jezelf eraan te herinneren wat de moeite waard is. En misschien moeten we onszelf daar voortdurend aan herinneren, voordat we onze identiteit en ons levensdoel volledig laten opslokken door ons werk.

Tot dusver hadden we in onze reeks gesprekken de aandacht hoofdzakelijk gericht op het onderzoeken van onze onderliggende opvattingen over het werk dat we hebben. Maar toen het onderwerp van werkloosheid en het vinden van een nieuwe baan ter sprake kwam, verschoven we van een interne naar een externe oriëntatie – en in onze volgende bespreking gingen we dieper in op de aard van het werk dat iemand doet en de invloed van dat werk op de omringende wereld.

8
JUIST LEVENS-ONDERHOUD

Niet lang geleden lunchte ik met een vriend, een jonge acteur. Zoals de meeste acteurs is hij arm, kan hij nauwelijks rondkomen en is hij nog steeds op zoek naar zijn eerste grote rol.

'Ik houd van acteren,' verklaarde hij opgewonden. 'Ik verdien er natuurlijk niets mee, maar ik zou het voor geen goud willen opgeven. Het is mijn hele leven.'

Mijn vriend had duidelijk zijn roeping gevonden. De geluksvogel. 'Wat vind je er leuk aan?' vroeg ik.

'Het gaat allemaal om het uiten van jezelf.'

'Het uiten van wat?'

'Wat je maar wilt. Het uiten van je emoties. In mijn vak kan ik alles wat ik ooit heb ervaren gebruiken, alles wat ik ooit heb gevoeld, en er is niets mooiers dan op het toneel staan en dat aan anderen te laten zien. Het geeft je een geweldig gevoel.'

Ons gesprek deed mij denken aan mijn jonge jaren toen ik kunstenaar wilde worden. Ik volgde vier jaar een opleiding aan een kunstacademie en genoot van elke seconde. Uiteindelijk studeerde ik af in kunst met een grote K. In die jaren werd ik heel bedreven in tekenen en het afdrukken van prenten, maar ik was vooral geïnteresseerd in conceptuele kunst. Ik besteedde vele uren aan het verzamelen van gevonden voorwerpen, die ik vervolgens in stukken zaagde en met lijm, naald en draad, nietjes en een lasapparaat in gecompliceerde assemblages veranderde, onsterfelijke meesterwerken van beeldhouwkunst – zo dacht ik er tenminste over. De flowtoestand was mij ook niet vreemd, want ik ging zo op in mijn werk dat ik vaak de tijd uit het oog verloor en tot diep in de nacht doorwerkte. Wanneer ik niet met mijn kunst bezig was, zat ik in cafetaria's of bars met collega-kunstenaars, dan wel aankomende kunstenaars of de kliek kunstliefhebbers, te discussiëren over kunst en het leven. Ieder van ons was op zoek naar een unieke expressievorm. En onze unieke, originele stijl werd natuurlijk sterk beïnvloed door andere kunstenaars, die beïnvloed waren door anderen die op hun beurt waren beïnvloed door anderen. Ons wereldje was heel klein; ons werk zat vol met vage verwijzingen naar culturele details, of satirische verwijzingen naar het werk van anderen, of obscure inside jokes, maar er zat beslist een verborgen betekenis in – zo verborgen zelfs dat wij hem ook niet konden vinden.

Ik was opgetogen toen een van mijn werken werd geselecteerd voor een kunsttentoonstelling waarbij een jury de kunstwerken zou beoordelen. Tijdens de openingsavond stond ik trots bij mijn sculptuur. Ik was enorm benieuwd om te horen wat anderen van mijn kunst vonden, klaar om de lofbetuigingen, die mij ongetwijfeld ten deel zouden vallen, in ontvangst te nemen.

Een gezette oudere vrouw met een bril met jampotglazen, een vale katoenen hemdjurk, schoenen met dikke zolen en een grote nettas van nylon, stopte om mijn werkstuk lange tijd in stilte te bekijken. Er verscheen een ietwat vragende uitdrukking op haar gezicht, alsof ze verdwaald was op de weg naar de bingozaal en niet goed wist hoe ze hier verzeild was geraakt.

'Bent u de kunstenaar?' vroeg ze vriendelijk.

'Yep.'

Knikkend naar mijn meesterwerk, vroeg ze: 'Wat stelt het voor?'

'Eigenlijk niets. Het is gewoon iets wat ik heb verzonnen.'

Ik loog niet. Zoals de meeste van mijn collega-kunstenaars begon geen van ons met een coherente boodschap of betekenis die we probeerden over te brengen. Het was niet bedoeld om mensen iets te leren of het gemoed te verheffen. Ons werk bestond slechts uit een collectie afbeeldingen die om de een of andere reden een snaar raakten in de kunstenaar. De betekenis kwam later – de waarnemer mocht zelf weten welke betekenis hij of zij aan het stuk wilde toeschrijven. Een krachtig commentaar op de postmoderne existentiële heldenmoed in de strijd tegen het onophoudelijke geschreeuw van humeurige Noorse stofmijten met levensangst. De eeuwige radicale interactie tussen de positieve en negatieve lading. Een onwijs gaaf geel dingetje boven op dat oranje donzige dingetje. Wat maakt het uit? Je kon als kunstenaar alleen maar hopen dat het enige emotie bij de kijker opriep. Welke specifieke emotie deed er eigenlijk niet toe – inspiratie, plezier, vreugde, verdriet, verontrusting, angst, walging of woede. Kies maar wat. Het maakte weinig verschil, hoewel walging en woede in mijn tijd erg geliefd waren.

'Mag ik je een vraag stellen?' ging de dame verder.

'Tuurlijk.'

'Nou, ik vind je werk heel leuk, het is interessant en zo...'

Ik was een en al oor.

'Dus begrijp me niet verkeerd,' vervolgde ze, 'maar ik vraag mij alleen af: heeft iemand hier echt iets aan? Wat heeft het voor zin?'

Dat was geen vraag waarmee de vrouw zich erg geliefd maakte bij mij, en normaal gesproken zou een kunstenaar meteen in de verdediging schieten. Het was ook een vraag waarover ik niet veel had nagedacht.

'Euh... Kweenie.' Ik haalde hulpeloos mijn schouders op. 'Maar ik ben blij dat u het mooi vindt,' zei ik, waarna ik wegvluchtte alsof ze besmet was met het ebolavirus.

Niet lang daarna besloot ik mijn kunst op te geven voor een carrière in de geneeskunde (en het duurde nog jaren voordat ik mij geleidelijk aan bewust werd van de belangrijke bijdrage die kunst aan onze samenleving levert).

'Gisteren noemde u enkele factoren waarmee je, indien mogelijk, rekening moet houden bij het kiezen van werk. Vandaag wil ik graag verder gaan met de discussie over het kiezen van je carrière. De opvattingen ten opzichte van je werk waar je rekening mee moet houden gezien het werk dat je doet.'

'Bijna de hele geschiedenis lang hebben mensen meestal niet kunnen kiezen wat voor soort werk ze deden. Ze werden geboren en eigenlijk deden ze dan wat hun ouders deden, misschien werk in de landbouw, het hoeden van dieren of een of ander ambacht. Historisch gezien had men dus weinig keus; ze werden meestal geboren in een bepaald vak. Dat begon te veranderen rond de 16e eeuw in Europa, toen jongeren de boerderijen verlieten en naar de steden trokken. Mensen kregen steeds meer keuzemogelijkheden op het gebied van werk en die ontwikkeling heeft zich de afgelopen vijfhonderd jaar in een razend tempo voortgezet. Tegenwoordig bestaat er in het Westen een enorme verscheidenheid aan banen. In veel delen van de wereld zijn er miljoenen, zelfs miljarden, mensen die nog steeds weinig te kiezen hebben, zoals mensen die in landelijke gebieden of arme landen wonen. Maar in de geïndustrialiseerde landen en in stedelijke omgevingen, is er een grote keuze op de arbeidsmarkt.'

'Misschien dat er in de afgelopen paar decennia enige verandering optreedt, maar wanneer mensen uit diverse banen kunnen kiezen, zijn ze vaak toch geneigd de baan te kiezen waarmee ze het meeste geld verdienen. Dat is de voornaamste overweging. Gisteren noemde u een paar andere factoren waarmee je rekening zou kunnen houden bij het kiezen van werk, zoals het kiezen van een baan die misschien iets minder betaalt, maar waarbij je tenminste wat vrije tijd overhoudt om met familie of vrienden door te brengen. Ik wil u dan ook vragen: zijn er nog extra factoren waarmee mensen rekening moeten houden bij het kiezen van het soort werk dat ze willen doen? Factoren die u gisteren misschien niet heeft genoemd?'

De Dalai Lama nam een slokje thee en antwoordde vervolgens: 'Als je zelf je werk kunt kiezen, dan is het over het algemeen natuurlijk beter als je werk kiest dat goed bij je karakter en temperament past. Daar heb je zelfinzicht voor nodig, zelfbewustzijn. Daar hebben we het eerder over gehad. Zoals ik al zei, zullen mensen zich ook minder gefrustreerd voelen op hun werk, meer tevreden, als ze een correcte inschatting hebben gemaakt van hun kennis op het betreffende gebied, van hun vaardigheden en technische vermogens, zodat ze zeker weten dat ze ervoor geschikt zijn.'

'Ja, dat is waar,' stemde ik toe, 'en je hebt ook nog carrièreadviseurs die mensen kunnen helpen om erachter te komen waar hun natuurlijke talenten liggen en in wat voor soort werk ze hun talenten goed kunnen benutten. Maar ik vraag mij af of u, vanuit uw persoonlijk perspectief of mogelijk vanuit een boeddhistisch perspectief, nog andere dingen kunt aandragen, naast dingen als salaris of iemands sterke eigenschappen, waarmee je rekening kunt houden bij het kiezen van een baan, om op het werk meer of langduriger geluk te ervaren.'

'Ja zeker,' reageerde hij onmiddellijk. 'Het is misschien niet voor iedereen gemakkelijk om het toe te passen, maar één factor die heel nuttig is om in overweging te nemen, is het welzijn of de schade die wordt veroorzaakt door het werk dat je doet. In het boeddhisme spreken we over het concept "juist levensonderhoud". Het boeddhistische concept van juist levensonderhoud betekent dat je ernaar streeft iets te doen wat niet schadelijk is voor anderen, hetzij direct of indirect. De verkeerde middelen voor levensonderhoud worden dikwijls beschreven als alle middelen waarbij anderen worden uitgebuit vanuit negatieve motieven zoals oneerlijkheid en bedrog. Bij onjuist levensonderhoud pak je dingen waarop je zelf geen recht hebt. Je pakt dingen van anderen af. Vanuit het perspectief van een leek zou je kunnen zeggen dat als de wijze waarop je voorziet in je levensonderhoud geen directe of indirecte schadelijke gevolgen heeft voor anderen, het een vorm van juist levensonderhoud is. Wat de Boeddha lijkt te hebben benadrukt, is dat je je bij de zoektocht naar juist levensonderhoud laat leiden door ethische principes; je brengt anderen geen lijden toe, je brengt anderen geen schade toe en je handelt niet vanuit misleiding of bedrog. Hij leek zich meer bezig te houden met de manier waarop je in je levensonderhoud voorziet dan met de hoeveelheid geld die je ermee verdient.'

'U zei dat het belangrijk is vast te stellen welke mogelijke voordelen of schade het soort werk dat je doet kan voortbrengen,' zei ik samenvattend. 'Een paar dagen geleden zei u dat nadenken over de grotere bijdrage van je baan één methode is om je werk in een roeping te veranderen. Stel nu dat iemand verveeld raakt en hij of zij systematisch de bredere implicaties van zijn of haar werk gaat bekijken. Dus in plaats van alleen achter de lopende band te zitten en de hele dag op een knop te drukken, begint de betreffende persoon na te denken over wat zijn handelingen bijdragen aan de maatschappij, zodat hij opnieuw enthousiast wordt over zijn baan, zich beter voelt. Hij begint met die analyse en komt vervolgens tot de ontdekking dat het soort werk dat hij doet uiteindelijk schadelijk is voor het milieu. Of laten we zeggen dat hij een onderdeel maakt dat voor wapens wordt gebruikt. Zodra die gedachte in hem opkomt, beseft hij dat zijn werk niet productief is, dat het in bepaalde opzichten zelfs destructief is. Maar tegelijkertijd heeft hij niet veel geld – hij kan niet simpelweg zijn baan opzeggen en beter werk gaan zoeken omdat hij een gezin moet onderhouden of omdat er niet veel andere bedrijfstakken in zijn woonomgeving te vinden zijn. Zou u daar iets over kunnen zeggen in het licht van uw definitie van "juist levensonderhoud"?'

De Dalai Lama zweeg een tijdje, terwijl hij het dilemma in zijn geest van alle kanten leek te bekijken.

'Dat is een zeer ingewikkelde vraag. Er zijn zoveel factoren in het spel dat het uitermate lastig is om daar een afdoende antwoord op te geven. Aan de ene kant, als je werk onderdeel blijkt te zijn van wapenproductie, en als je kijkt naar de functie van een wapen, dan zul je beseffen dat het bedoeld is voor vernietiging, het is bedoeld om anderen te doden. Maar als je het aan de andere kant bekijkt vanuit de hele maatschappij, dan hebben landen – tenzij zich in de maatschappij als geheel een fundamentele verandering voltrekt – wapens nodig vanuit veiligheidsoverwegingen, om de samenleving te kunnen beschermen. Misschien zelfs om de wereld te beschermen. Met name in het geval van Amerika, kijk je naar het feit dat er nog steeds totalitaire regimes zijn, zoals in China, die tegen democratie zijn. Zolang er zulke regimes zijn, denk ik dat de militaire macht van Amerika in stand moet worden gehouden. Als de president die Amerikaanse legermacht echter gebruikt voor de vernietiging of eliminatie van één individu, zoals de leider van een gevaarlijk totalitair regime, weet ik niet of dat werkelijk gerechtvaardigd is. Ik weet het niet. Het is een complex probleem.'

'De vraag is hoe een bepaalde persoon tegen dit probleem aan kijkt, en dat is een bijzonder ingewikkeld vraagstuk. Want ja, aan de ene kant is de productie van wapens destructief, maar aan de andere kant hebben landen voor het welzijn en de veiligheid van de wereld in zijn totaliteit wapens nodig. En je hebt bijvoorbeeld West-Europese landen die wapens produceren, maar ze alleen gebruiken voor verdedigingsdoeleinden en niet misbruiken. En het voorbeeld van de Verenigde Staten is vergelijkbaar, want hoewel de Russische dreiging niet langer bestaat, heb je een vorm van afschrikking nodig zolang er totalitaire regimes bestaan, zoals China, dat over een enorme legermacht beschikt. Maar het is de vraag of de leiders van deze landen op verantwoordelijke wijze zullen omgaan met de militaire macht die ze tot hun beschikking hebben. Dit zijn allemaal hele complexe vraagstukken. Als iemand morele bezwaren heeft omdat hij of zij deel uitmaakt van zo'n bedrijf of fabriek, dan blijft het de vraag in hoeverre het voor hem of haar verstandig is ontslag te nemen, en hoe effectief dat is. Het maakt misschien niets uit of je nu wel of niet ontslag neemt. Het doet mij een beetje denken aan het verhaal over een oude Tibetaanse vrouw in Tibet die zo kwaad werd op de Tibetaanse regering dat ze, naar verluidt, de regering uit protest een paar jaar haar rug toekeerde – dat had in de praktijk eigenlijk geen enkele invloed.'

'Wilt u dan zeggen dat het acceptabel is voor mensen om zo'n baan te behouden omdat hun ontslag en het verlies van hun inkomsten op de lange termijn toch geen effect hebben?' vroeg ik op verraste toon. Wilde hij bepleiten dat mensen moreel twijfelachtig werk bleven doen?

'Het is heel lastig, Howard. Ik kan niet zeggen wat je als individu moet doen. Dat hangt sterk af van het individu zelf. Er zijn mensen die zich vanuit hun geloof misschien strengere morele regels opleggen. Dit is erg lastig, zelfs voor een boeddhist, iemand die de gelofte heeft afgelegd om anderen geen schade toe te brengen. Stel dat iemand een boeddhist is, dan is het voor die persoon ethisch gezien uiteraard beter om de potentiële vernietigingskracht van de actie waaraan hij deelneemt te onderkennen. Als je dan de volgende stap wilt zetten, namelijk ontslag nemen, zijn er dingen die je in overweging moet nemen, zoals het besef dat je door simpelweg op te stappen de situatie niet verandert en dat je ontslag consequenties heeft en je gezin daar mogelijk onder moet lijden enzovoort. Dat moet je allemaal tegen elkaar afwegen.'

'We hadden het eerder over het geval waarin iemand kan kiezen wat voor soort werk hij of zij gaat doen, en dat het dan beter is werk te kiezen waarin je anderen geen schade toebrengt, hetzij direct of indirect. Goed. Maar dit is een geval waarin iemand misschien al werk heeft, maar later ontdekt dat het indirect schade zou kunnen toebrengen. Je moet het daarom van geval tot geval bekijken, en alle variabelen in overweging nemen. Wat voor schade en hoeveel schade wordt er aangericht? Wat zijn de normen en waarden van het individu? Enzovoort. Op dat punt krijg je te maken met individuele verschillen.'

'Heeft u, vanuit uw ervaring, het idee dat er naast individuele verschillen ook culturele verschillen bestaan? Zijn de oosterse of Aziatische opvattingen anders dan de westerse opvattingen? Of kijken Tibetanen bijvoorbeeld anders tegen werk aan dan Amerikanen, Europeanen of andere culturen?'

'Allereerst denk ik dat je moet oppassen dat je niet te veel generaliseert,' bracht de Dalai Lama mij in herinnering. 'Je kunt niet zeggen dat alle oosterlingen zus zijn en westerlingen zo, alsof alle mensen uit een bepaalde regio hetzelfde zijn. Dat gezegd hebbende, kunnen er naast individuele verschillen uiteraard ook lokale, nationale, regionale en culturele verschillen bestaan in de opvattingen van mensen ten aanzien van werk. Dit kan invloed hebben op de tevredenheid met je baan. In India heb je bijvoorbeeld werk, zoals mensen bedienen in een restaurant, dat als minderwaardig wordt beschouwd, en die opvatting vind je ook terug onder de Tibetanen die in India wonen. Ik heb een paar Tibetanen gekend die in de regeringskantoren werkten en er niet eens over peinsden om hier in een restaurant te gaan werken. Maar toen emigreerden ze naar de Verenigde Staten, en daar waren ze wel bereid om in een restaurant te werken, zelfs als bordenwasser, en ze waren volmaakt gelukkig. Blijkbaar voelden ze zich alleen beschaamd wanneer er andere Tibetanen in het restaurant kwamen. Dat komt omdat dat soort werk in Amerika niet zo minderwaardig wordt gevonden, dus dit toont aan dat de omringende cultuur invloed kan uitoefenen op de mate waarin je tevreden bent met je werk.'

'Ik ben er niet zo zeker van of mensen in Amerika geen vooroordelen hebben ten aanzien van bepaalde baantjes. Ik denk dat er ook in de Verenigde Staten culturele opvattingen en vooroordelen bestaan over bepaalde soorten werk. Je wordt grotendeels beoordeeld op grond van de status van je werk...'

'Maar het is veel erger in India. Er bestaan veel grotere vooroordelen over dat soort werk. En ik denk dat je in Amerika, in zo'n kapitalistische maatschappij, eerder wordt beoordeeld op de hoeveelheid geld die je verdient en niet zozeer op wat voor soort werk je nu precies doet. Als bordenwassers heel veel geld zouden verdienen, zou het niet als minderwaardig worden beschouwd. Geld is de bepalende factor. In India of andere landen kom je vooroordelen tegen die gericht zijn op de aard van het werk zelf, op de onderdanige positie. Ik denk dat de nadruk op vrijheid en gelijkheid in Amerika het vooroordeel over dit soort banen tot op zekere hoogte vermindert. Het geeft niet wat je doet, zolang het maar eerlijk werk is. In dat geval is de mens belangrijker dan de baan. Toen ik de voormalige president Carter bezocht in zijn woning, zag ik buiten wel een bewaker staan, maar Carter zelf was heel eenvoudig, stond met beide benen op de grond, hij deed zelf allerlei huishoudelijke taken, zoals koken. En wanneer ik oud-president Havel in Tsjechië bezoek, is hij thuis heel nederig, hij doet zelf de deur open enzovoort. Het is in India bijna ondenkbaar dat een ex-president van het land zoiets zou doen. Dat zou allemaal door bedienden worden gedaan. Koken, het zetten van je eigen kopje thee of dat soort dingen zou in India als te minderwaardig worden beschouwd voor een hoge regeringsfunctionaris. Dat is dus een culturele houding.'

'Ik denk dat je zelfs binnen dezelfde regio, binnen Azië bijvoorbeeld, culturele verschillen aantreft. De Japanse, Chinese of Tibetaanse opvattingen betreffende werk kunnen op bepaalde punten enorm verschillen. Zo kan men in het hedendaagse Tibet verschillen zien tussen Chinese opvattingen en Tibetaanse opvattingen. De Chinezen lijken zich meer bezig te houden met geld, terwijl een Tibetaan misschien geld aanneemt voor bewezen diensten, maar ook *chang** of andere dingen als betaling zou aannemen. Kijk eens naar een Chinese kleermaker en een Tibetaanse kleermaker. Ze moeten allebei geld verdienen om te kunnen leven, maar je ziet de Chinese kleermaker misschien dag en nacht werken omdat hij steeds meer geld wil verdienen. Ik denk dat onder Tibetanen geld

* Tibetaans gerstebier

over het algemeen niet zo belangrijk is. Ze verdienen liever iets minder zodat ze meer vrije tijd overhouden, tijd met hun familie kunnen doorbrengen enzovoort. De hardwerkende Chinees kan natuurlijk rijk worden, maar ook al worden de Tibetanen niet rijk, hun enthousiasme om tijd met de familie en andere dingen op te offeren om meer geld te verdienen lijkt niet erg groot. Hun levensopvatting is meer gebaseerd op algehele tevredenheid.'

'Ik denk dat het goed is dat je de kwestie van culturele verschillen ter sprake hebt gebracht, want hoe je met je werk omgaat, de opvattingen ten aanzien van werk en de aard van je beroep, kan van cultuur tot cultuur verschillen. Die verschillen kunnen diep in de cultuur zijn geworteld. In een warmer klimaat, waar volop groente en fruit groeit, waar het mooi weer is en het gemakkelijk is gewassen te verbouwen, kunnen mensen meer ontspannen in het leven staan. Ze leggen misschien meer nadruk op vrije tijd en werken korter. In een koud klimaat echter, onder barre omstandigheden, waar het moeilijk is te overleven, zijn er misschien uiteindelijk culturen ontstaan die veel meer nadruk legden op hard werken. In die noordelijke klimaten, en onder die omstandigheden, moest men nieuwe manieren vinden om te kunnen overleven. Daarom hebben ze wellicht zeevaartroutes, en uiteindelijk industrie, wetenschap, technologie en al dat soort dingen ontwikkeld. Althans, dat is mijn overtuiging.'

'Hoe dan ook, het is bij onze discussies belangrijk te onthouden dat we werk hier meer bespreken vanuit het oogpunt van moderne geïndustrialiseerde samenlevingen. Zo bezien zullen sommige kwesties die wij behandelen misschien niet van toepassing zijn op een andere samenleving, zoals de traditionele Tibetaanse samenleving.'

'Goed. Ook al zijn sommige westerse opvattingen over werk niet van toepassing op de Tibetaanse samenleving en vice versa, vraag ik mij toch af of bepaalde aspecten van de Tibetaanse houding ten opzichte van werk, of bepaalde gebruiken, mogelijkerwijs kunnen worden toegepast in onze samenleving en in het Westen nuttig zouden kunnen zijn. U heeft bijvoorbeeld het boeddhistische concept van juist levensonderhoud genoemd. Tibet was een zeer boeddhistisch land, dus ik vraag mij af hoe die principes in de samenleving werden geïntegreerd. Bijvoorbeeld het kiezen van werk dat niet schadelijk is. Ik neem aan dat dat een belangrijke overweging was bij de keuze van je werk?' vroeg ik.

'In de traditionele samenleving deden de meeste mensen automatisch het soort werk dat hun familie deed. Het soort dat ik heb genoemd: ze leefden en werkten als nomaden, boeren, kooplieden en ga zo maar door. Maar sommige mensen deden nog altijd werk dat in strijd was met het principe van het niet toebrengen van schade aan andere wezens, omdat ze slager waren of een wapensmid die zwaarden maakte enzovoort. Maar ook dit soort werk ging meestal over van vader op zoon.'

Ik ging niet in op zijn uitnodiging om mijn visie van het perfecte Shangri-La, waar iedereen zich vrolijk bezighield met heilzaam en geweldloos werk, te verdrijven, en vervolgde: 'Nu we het toch over werk hebben, en de toepassing van het concept van geen schade toebrengen... in een boek dat was gebaseerd op gesprekken met u, las ik een fascinerend feitje, u noemde het zelfs in twee verschillende boeken, namelijk dat er in Tibet de regel bestond dat bij elke nieuwe uitvinding de garantie moest worden gegeven dat het minstens zeven generaties lang heilzaam of op z'n minst onschadelijk was...'

De Dalai Lama reageerde verbaasd. 'Daar heb ik nog nooit van gehoord.'

Nu was het mijn beurt om verbaasd te reageren. 'Is dat niet zo? Die uitspraak werd aan u toegeschreven.'

Hij haalde zijn schouders op en lachte. 'Ik weet niet wie dat boek heeft geschreven, maar misschien was het een van die zogenaamde Tibetexperts. Je hebt westerse Tibetexperts die dingen weten die zelfs wij Tibetanen niet weten. Echter, opeenvolgende Tibetaanse regeringen schijnen in Tibet bepaalde gebruiken en gedragslijnen te hebben aangenomen die bepaalde boeddhistische idealen in de praktijk brengen, zoals het boeddhistische principe van respect voor de natuur, met name de wereld van de dieren. Alle gemeenschappen in de buurt van het Yamdokmeer waren in het verleden voor hun levensonderhoud sterk afhankelijk van de visserij. Ik dacht altijd dat er voor hen wel een uitzondering was gemaakt en dat ze mochten blijven vissen, maar ik hoorde onlangs over een beleidsmaatregel, die tijdens het bestuur van de 5e Dalai Lama werd aangenomen, waarin zij werden ontmoedigd te vissen. Om hen tijdens het visseizoen te compenseren sloegen enkele andere gemeenschappen de handen ineen om hen te voorzien van een hoeveelheid graan die gelijkstond aan de hoeveelheid niet gevangen vis. En in het gebied bij de berg Kalaish ligt het Mansovarmeer, waar in een bepaald seizoen een heleboel watervogels naartoe trekken. Ze leggen hun eieren op de oevers en blijkbaar nam de regering opnieuw een beleidsmaatregel aan waarin stond dat ze tijdens het broedseizoen mensen zouden aanwijzen die de eieren moesten bewaken zodat er niets mee kon gebeuren. Natuurlijk zullen er wel mensen zijn geweest die het geld waarschijnlijk in hun zak staken en toch een paar eitjes opaten. Dat soort dingen gebeurt nu eenmaal. Maar de heersende opvatting is dat je geen schade toebrengt aan andere wezens.'

'Dus hoewel Tibetanen zich in hun werk niet altijd hielden aan het principe van schadeloosheid – omdat Tibetanen overwegend vleeseters zijn, had je bijvoorbeeld slagers die dieren moesten doden voor hun vlees – waren mensen er nog altijd diep van doordrongen.'

'Ik denk dat je dat principe wel zou kunnen toepassen in het Westen. Hoewel niet iedereen kan kiezen wat voor werk hij doet, is het volgens mij goed als je tenminste serieus nadenkt over het soort werk dat je doet, en wat voor invloed dat op anderen heeft. Met name in de moderne wereld, en in geïndustrialiseerde landen waar veel mensen wel de keuze kunnen maken wat voor soort werk ze doen, denk ik dat je beter werk kunt kiezen waarbij je geen schade aanricht aan anderen, waarbij anderen niet worden uitgebuit of bedrogen, hetzij direct of indirect. Ik denk dat dat het beste is.'

En daarmee had de Dalai Lama een laatste element toegevoegd aan onze zoektocht naar geluk op het werk. Vanuit boeddhistisch oogpunt was dit een cruciale factor: kijk welke invloed je werk heeft op anderen en zorg ervoor dat je anderen niet opzettelijk schade toebrengt door het werk dat je doet.

We hadden eerder gesproken over de verschillende houdingen die je ten opzichte van werk kunt aannemen, dat mensen die hun werk beschouwen als een roeping duidelijk gelukkiger zijn op de werkvloer. Mensen die zo van hun werk houden dat ze het, indien ze zich dat kunnen veroorloven, zelfs zouden blijven doen als ze er niet voor betaald werden; mensen die volledig opgaan in hun werk, die hun werk integreren met hun normen en waarden, hun leven, hun hele wezen – dat zijn mensen met een roeping. Daar komt nog bij dat mensen met een roeping hun werk als zinvol beschouwen, iets wat een hoger doel dient, en idealiter zelfs bij draagt aan het belang van de samenleving of de wereld.

Desondanks is, vanuit het oogpunt van de Dalai Lama, het beschouwen van je werk als een roeping niet voldoende om jezelf te verzekeren van langdurig geluk. Waarom? Stel je voor dat een uitmuntende computerhacker hard aan het werk is. Hij kraakt veiligheidssystemen om andermans geld te stelen en verzendt ook nog eens een paar miljoen computervirussen nu hij toch bezig is. Die hacker houdt misschien van zijn werk, verblijft vele uren in een flowtoestand, overwint gigantische uitdagingen met gebruikmaking van al zijn vaardigheid, kennis, creativiteit en vernuft. Hij leeft voor computers en zijn werk sluit misschien zelfs perfect aan bij zijn innerlijke waarden – in dit geval een waardensysteem dat is gebaseerd op de aloude filosofie: 'Bekijk het maar, ik pak wat ik pakken kan! Hij die sterft met de meeste knikkers heeft gewonnen!' En zijn inspanningen hebben zeker een bredere impact, daar hij mogelijk chaos aanricht in miljoenen levens omdat hij computers over heel de wereld laat crashen. Deze man heeft een roeping. En ook tal van beroepscriminelen, oplichters en anderen die zo'n grote kick krijgen van wat ze doen dat ze nimmer zouden overwegen iets anders te gaan doen, tenzij ze daartoe worden gedwongen door het juridisch systeem of wanneer ze fortuinlijk genoeg zijn dat hun visie en innerlijke waarden op enigerlei wijze een ingrijpende verandering ondergaan. Je zou je zelfs kunnen voorstellen dat een bewaker in Auschwitz zijn werk als een roeping beschouwt, dat hij met zijn kwaadaardige, gestoorde geest denkt dat zijn inspanningen bijdragen aan het algemeen belang van de wereld.

Het valt niet te ontkennen dat mensen die dingen doen waarmee anderen opzettelijk schade wordt toegebracht tijdelijk gevoelens van voldoening kunnen ervaren. Maar vanuit het oogpunt van de Dalai Lama, zijn geestestoestanden die leiden tot schadelijk werk of destructieve activiteiten, geestestoestanden zoals ongebreidelde hebzucht, vijandigheid, woede of zelfs haat, simpelweg onverenigbaar met iemands geluk op de lange termijn.

Het voorbeeld van criminele bezigheden of genocidale maniakken is misschien het extreemste geval. Zoals de Dalai Lama erop wijst, is het leven complex. Ons werk kan op uiteenlopende niveaus resulteren in schade of welzijn voor anderen; soms gaat het om heel subtiele niveaus. Maar als we op de lange termijn gelukkig willen worden, kunnen we beginnen door ons ervan bewust te worden welke invloed ons werk op anderen heeft. In de loop der jaren heb ik gemerkt dat de Dalai Lama soms wordt gevraagd zijn filosofie terug te brengen tot één basisprincipe. Zijn antwoord op die lastige vraag luidt vaak: 'Als je kunt, help anderen. Als je dat niet kunt, doe ze dan tenminste geen kwaad.' Als we dat in ons werk kunnen toepassen, zijn we al een heel eind op weg naar het geluk.

9
GELUK OP HET WERK

Vandaag hadden we onze laatste ontmoeting in deze specifieke reeks gesprekken bij de Dalai Lama thuis in Dharamsala. We hadden een week lang de aard van werk onderzocht, een aantal van de veelvoorkomende bronnen van onvrede geïdentificeerd en een paar strategieën aangedragen die mensen konden gebruiken om meer voldoening te krijgen op hun werk.

Terwijl ik de heuvel op sjokte, over het smalle modderige paadje dat naar de woning van de Dalai Lama leidt, langs winkeliers en handelaren die druk bezig waren met hun dagelijkse taken, werd ik herinnerd aan het feit dat veel mensen, hetzij in India of in mijn woonplaats Phoenix, overdag de helft van hun tijd doorbrachten met werken. Sommigen werkten nog langer. Eén vraag bleef mij bezighouden. Welke rol speelt werk bij de zoektocht naar het geluk? In welke mate beïnvloedt arbeidsvreugde je algehele levensvreugde en geluk?

Aan het begin van onze laatste bijeenkomst blikte ik terug op onze vorige gesprekken: 'Deze week hebben we veel gesproken over werk, over onze opvattingen ten aanzien van werk, en sommige factoren die ons geluk op het werk kunnen beïnvloeden. Omdat dit voorlopig onze laatste ontmoeting is, wilde ik het hebben over het verband tussen werk en geluk. Met andere woorden, welke rol speelt werk, productieve arbeid, bij het realiseren van een gelukkig leven? In welke mate draagt het bij aan onze tevredenheid en voldoening? En dan heb ik het over allerlei soorten werk, productieve activiteiten in het algemeen, iets doen wat de wereld om ons heen vorm kan geven of beïnvloeden.'

'Prima,' zei de Dalai Lama, terwijl hij instemmend knikte. 'Maar als we het gaan hebben over werk en productieve activiteiten, moeten we eerst begrijpen wat er wordt bedoeld met productieve activiteit. We moeten ervoor zorgen dat we allebei dezelfde definitie hanteren.'

'Dat lijkt mij een goed idee.'

'Als ik het goed begrijp,' ging hij verder, 'lijk je met productieve activiteit te impliceren dat het om een of andere externe activiteit gaat...'

'In zekere zin, ja.'

'Ik vind namelijk dat je innerlijke ontwikkeling ook als productieve activiteit kunt beschouwen. Dat brengt ons bij de vraag hoe wij werk definiëren. Ik vraag mij af: wat is jouw definitie van productieve activiteit?'

Ik had niet nagedacht over een exacte definitie van productieve arbeid, zodat zijn vraag mij overrompelde. Omdat ik worstelde met het vinden van de juiste definitie gaf ik niet meteen antwoord, dus vervolgde hij: 'Ik ben bijvoorbeeld een gewone monnik. Meer niet. Dit roept de vraag op of je, vanuit een modern westers perspectief, mijn belangrijkste bezigheden zou kunnen definiëren als "productief". Veel van mijn bezigheden, met name die die betrekking hebben op mijn spirituele beoefening en mijn rol als de Dalai Lama, zouden, althans vanuit communistisch oogpunt, zonder meer als onproductief worden beschouwd.'

'Ik vraag mij dus af wat de westerse opvattingen zijn over een monnik of een non, iemand die echt over veel kennis beschikt en in zijn of haar dagelijks leven oprecht de dharma beoefent – zou je dat als productief of onproductief werk beschouwen?'

'Als een monnik de hele dag niets anders doet dan mediteren in een grot, denk ik dat de meeste mensen in het Westen dat als onproductief werk zouden beschouwen. Om eerlijk te zijn, ik ken niet de exacte of officiële definitie van wat in het Westen als productieve arbeid wordt gezien. Het enige wat ik nu kan doen, is spreken vanuit mijn zienswijze als gewone Amerikaan en u vanuit een soort populair perspectief mijn indrukken geven.'

'Dan hebben we dringend een woordenboek nodig!' grapte hij lachend.

'Maar goed, vanuit dat perspectief,' vervolgde ik, 'denk ik dat de heersende opvatting over productieve activiteit ermee te maken heeft dat je invloed uitoefent op je omgeving, dat je iets produceert of iets bereikt in de wereld. Het lijkt meer op de buitenwereld gericht te zijn, het tot stand brengen van dingen die je kunt meten of kwantificeren.'

'In dat geval zijn mijn paar uur meditatie in de ochtend niet bijster productief, niet?' zei de Dalai Lama lachend. 'Eten en daarna naar het toilet gaan... is ook niet productief.'

'Ik denk het.' Ik moest eveneens lachen, aangestoken door zijn gevoel voor humor. 'Maar wat zou uw definitie zijn van productief werk?'

'Daar vraag je zowat,' zei hij peinzend. Zijn uitgelatenheid maakte snel plaats voor ernst. 'Het kan vrij complex zijn. Ik denk dat deze vraag zelfs vanuit een conventioneel westers perspectief nogal ingewikkeld is. Het kan per samenleving en per cultuur verschillen. In een communistische maatschappij zal men bijvoorbeeld het verspreiden van communistische propaganda, indoctrinatie enzovoort als productief beschouwen, terwijl men in een niet-communistische samenleving zulke activiteiten juist als onproductief van de hand wijst. Sterker nog, men beschouwt zulke activiteiten misschien wel als destructief.'

Hij zweeg een tijdje terwijl hij nog eens diep nadacht. 'Jij zegt bijvoorbeeld dat de uren die ik 's ochtends besteed aan meditatie en spirituele beoefening naar westerse maatstaven als onproductief zouden worden beschouwd. Eigenlijk doet mij dat denken aan communistische propaganda waarin men bepaalde vormen van zware arbeid verheerlijkt, maar de bezigheden van een monnik als onproductief beschouwt. Maar begrijp ik het goed dat wanneer mijn studie en beoefening resulteren in het geven van onderricht of lezingen over die onderwerpen of een deelname aan conferenties, dat die activiteiten wel als productief zouden worden gezien? Dus het ontmoeten van medemensen, het voeren van gesprekken, en mijn onderricht en lezingen zijn dan wel productief?'

'Absoluut,' antwoordde ik. 'In het Westen is leraar een erkend beroep, dus als een monnik naast zijn studie en meditatie ook lesgeeft, zou dat als productief werk worden gezien. Zo heb je overal op de wereld mensen die allerlei bijzonder esoterische dingen bestuderen, zoals de levenscyclus van een kevertje waar niemand ooit van heeft gehoord, en toch wordt dat als productief werk beschouwd omdat ze door het geven van onderwijs of het schrijven van artikelen bijdragen aan de algemene kennis.'

'Als u uw ochtendmeditatie en studie op enigerlei wijze toepast in de wereld, zal dat als productief werk worden beschouwd, omdat u het dan daadwerkelijk in de praktijk brengt. Maar het zou niet productief zijn als u een kluizenaarsbestaan leidt en het met niemand deelt.'

'Even voor de duidelijkheid,' voegde ik eraan toe, 'begrijp ik goed dat u solitaire meditatie als een productieve activiteit beschouwt? Als we kijken naar ons voorbeeld van de monnik die kluizenaar is, die weinig contact heeft met andere mensen en zijn of haar leven alleen in meditatie doorbrengt, proberend de verlichting te bereiken, zou u dat als een productieve activiteit willen beschouwen?'

'Niet noodzakelijkerwijs,' antwoordde hij. 'Ik denk dat er zowel productieve meditatie als onproductieve meditatie bestaat.'

'Wat is het verschil?' wilde ik weten.

'Ik denk dat veel beoefenaars van *dzogchen** en andere mediterenden verschillende technieken gebruiken, sommige mediteren met gesloten ogen, sommige met open ogen, maar het gaat er bij die meditatie in wezen om dat je gedachteloos wordt, in een toestand komt die vrij is van gedachten. In zekere zin zou je dat een soort schuilplaats kunnen noemen, alsof je wegvlucht voor problemen. En wanneer ze dan echt met problemen worden geconfronteerd, als ze bijvoorbeeld in hun dagelijks leven op moeilijkheden stuiten, is er niets veranderd. Hun houding en reactie blijven hetzelfde. Met dat soort meditatie ontwijk je juist het probleem, alsof je gaat picknicken of een pijnstiller inneemt. Je lost er het probleem niet werkelijk mee op. Sommige mensen houden zich misschien jarenlang bezig met dit soort oefeningen, maar hun werkelijke

* De 'hart-essentie' van de oude nyingmatraditie van het Tibetaans boeddhisme.

vooruitgang is nul. Dat is geen productieve meditatie. Je maakt pas vorderingen wanneer je als individu niet alleen resultaten ziet in de vorm van het bereiken van hogere meditatieve staten, maar ook wanneer je meditatie tenminste enige invloed heeft op hoe je met anderen omgaat, wanneer de meditatie effect heeft in het dagelijks leven – meer geduld, minder irritatie, meer mededogen. Dat is productieve meditatie. Het is iets wat op enigerlei wijze kan bijdragen aan het welzijn van anderen.'

Eindelijk begon er zich een beeld te vormen. 'Dus als ik het goed begrijp, is uw definitie van een productieve activiteit een activiteit met een positief doel?'

Opnieuw zweeg de Dalai Lama lange tijd terwijl hij over de kwestie nadacht. 'Als ik voor mijzelf spreek: ja. En niet alleen een positief doel, want je kunt wel een positief doel in gedachten hebben, maar als niemand iets heeft aan datgene wat je doet, weet ik niet of je het wel zou kunnen categoriseren als productief. Je kunt bijvoorbeeld heel hard studeren. Lezen, lezen, lezen. Dan lees je misschien een afgrijselijke hoeveelheid bladzijden, maar als er niets uit voortkomt of niemand erbij gebaat is, is het eigenlijk zonde van je tijd. Hoewel dat voor mij de algemene betekenis van productiviteit is, blijft alles natuurlijk afhankelijk van de context. Maar over het algemeen zou ik iemands activiteit of werk als productief bestempelen wanneer anderen er duidelijk mee geholpen kunnen worden. Kort gezegd, ik ben van mening dat een productieve activiteit *doelgericht* moet zijn, in de zin dat het een specifiek doel dient. Daarnaast moet het een activiteit zijn die *heilzaam* en niet schadelijk is voor het welzijn van de leden van een bepaalde samenleving.'

'Wanneer we spreken over "productiviteit" denk ik dat mensen, afgaande op wat wij hebben besproken, allereerst denken aan iets materieels, iets wat je kunt zien, wat je kunt gebruiken – een of andere bezigheid of activiteit die iets tastbaars produceert wat mensen kunnen gebruiken. Normaal gesproken wordt productie gelijkgesteld aan een dergelijk resultaat. En pas op de tweede plaats denken veel mensen dat het mogelijk iets positiefs impliceert. Volgens mij krijgen mensen zelfs bij het normale gebruik van het woord "productief" dikwijls het gevoel dat het om iets positiefs gaat. Als je zegt dat iemand niet productief is, dan heeft dat een negatieve betekenis. Maar tegelijkertijd impliceert het gebruik van het woord niet altijd iets positiefs of een positief doel. Je kunt bijvoorbeeld zeggen dat je vergif produceert – dat is productief maar tegelijkertijd negatief. Je hebt dus ook destructieve handelingen, destructief werk – het wordt werk genoemd en je zou het in zeker opzicht als productief kunnen beschouwen. Destructief werk is ook doelgericht, je wilt iets tot stand brengen, nieuwe dingen creeren. In dat opzicht is het productief, productief in de zin dat het gewoon iets produceert.'

'Dus ik denk dat het woord "productief" doorgaans neutraal is, net als het woord "werk", het kan zowel positief als negatief zijn. Het is vergelijkbaar met het woord "vrijheid". Ik denk dat vrijheid op zich niet noodzakelijkerwijs positief hoeft te zijn. Dan ben je ook vrij om negatieve dingen te doen, niet? Maar over het algemeen neemt men vanzelfsprekend aan dat vrijheid iets goeds is. Zo is ook "productief", strikt genomen, een neutraal woord: het kan ofwel destructief of constructief zijn, positief of negatief, maar meestal denken we bij "productief" automatisch aan iets wat niet schadelijk is. Misschien, maar ik weet het niet... Ik weet het niet.' Hij lachte. 'Het is waarschijnlijk opnieuw afhankelijk van wat je precies met het woord bedoelt.'

'Ja, dit is ingewikkeld, complex. Je kunt grote vraagtekens zetten bij de productie van dingen als wapens of giftige producten. Natuurlijk krijgen de werknemers die dit soort dingen produceren een salaris, soms zelfs een dik salaris, maar als we deze activiteiten als productief bestempelen, moeten we ons bewust zijn over wat voor soort productiviteit we het hebben. Hier zien we opnieuw hoe ingewikkeld dit vraagstuk is. Neem bijvoorbeeld de genocide die door de nazi's is gepleegd. Dat waren activiteiten met een gedetailleerde planning, strategie en implementatie, maar we kunnen toch niet zeggen dat die activiteiten productief zijn. Criminelen werken misschien ook hard, maar we zouden hun werk ook niet als productief willen kenschetsen.

Dit alles lijkt er, naar mijn mening, op te wijzen dat het concept van geen schade toebrengen aan anderen, of zelfs het werkelijk helpen van anderen, op een of andere manier besloten ligt in onze opvatting van wat een activiteit productief maakt. Ook al leveren spirituele oefeningen, zoals meditatie, misschien niet direct materiële resultaten op, zulke activiteiten zijn tenminste onschadelijk. Vergeleken met criminele activiteiten zou je ze als productiever kunnen beschouwen. Om kort te gaan, gewoonlijk kunnen we productieve arbeid misschien definiëren als een activiteit die resulteert in de productie van iets, hetzij materieel of spiritueel, wat anderen kunnen gebruiken, zodat men baat heeft bij de activiteiten die hebben geleid tot de productie ervan. Ik weet het niet.'

Hij begon opeens te lachen. 'We blijven steeds verschillende invalshoeken en verschillende aspecten van productieve activiteit bespreken – productief, onproductief, positief, negatief, allerlei soorten en definities van productieve arbeid, afhankelijk van iemands zienswijze. Het lijkt zo gecompliceerd! Verwarrend! Ik vraag mij af of we na dit alles tot enkele conclusies zijn gekomen.'

'Dat vroeg ik mij ook af.' Ik glimlachte. 'Ik had nooit verwacht dat we zouden worstelen met zo'n schijnbaar simpel concept, dat we zoveel moeite zouden hebben om onze verschillende zienswijzen met elkaar in overeenstemming te brengen. Toch denk ik dat het gesprek enig nut heeft gehad en dat het dingen duidelijker heeft gemaakt voor mij, want het heeft mijn mening op één punt veranderd. U vroeg mij of ik mediteren als een productieve activiteit zou beschouwen. En vanuit het gebruikelijke westerse perspectief luidde mijn antwoord in eerste instantie "nee", maar terwijl u aan het woord was, ben ik geloof ik van gedachten veranderd. Ik wil mijn bewering terugtrekken. In het licht van uw definitie van productieve meditatie, waarbij de meditatieve staten invloed hebben op de wereld, althans op de wijze waarop we met anderen omgaan, denk ik dat je meditatie als een productieve activiteit zou kunnen beschouwen omdat de monniken of mediterenden iets leren, ze ontwikkelen hun geest, trainen hun geest en veranderen in positieve zin. En in dat opzicht boeken ze vooruitgang, ze verwezenlijken doelen, en dat zou je volgens mij productief kunnen noemen.'

'Hoe dan ook, ik denk dat wij tot een overeenkomst zijn gekomen. Ook al hebben verschillende mensen misschien verschillende ideeën over wat productief werk behoort te zijn, laten we met het oog op onze discussies uw concept blijven hanteren: dat productief werk inhoudt dat je je bezighoudt met een activiteit die niet alleen wordt geassocieerd met het tot stand brengen van iets, een vorm van doelgerichte activiteit, maar dat die activiteit ook een positief resultaat moet hebben.'

Hij knikte met zijn hoofd. 'Akkoord.'

Na ons gesprek haalde ik uiteindelijk toch maar een woordenboek tevoorschijn om het woord 'productief' op te zoeken, een woord dat afkomstig is van het woord 'produceren', van de Latijnse woorden voor 'voorwaarts trekken'. Ik kwam niet voor verrassingen te staan, want het woord heeft duidelijk creatieve en genererende connotaties, verwijst naar het voortbrengen van iets, het bereiken van een specifiek resultaat, het scheppen van iets. Maar toen ik eventjes nadacht over de definitie van het woord, kwam er een belangrijk punt in mij op. Zoals de Dalai Lama had gesuggereerd, was het woord in essentie neutraal. Je kon zowel martelwerktuigen als een levensreddend medicijn produceren – strikt genomen zou je allebei kunnen beschouwen als een productieve activiteit. Vanuit het gezichtspunt van de Dalai Lama, een levensvisie die gericht is op onze zoektocht naar geluk, vormt het louter produceren van goederen of diensten echter geen voldoende garantie voor ons uiteindelijke geluk. Daarvoor moet je een extra element toevoegen: we moeten ook nadenken over de gevolgen van ons werk, welk effect het zal hebben op onszelf, onze familie, samenleving en de wereld. Zoals we in onze discussie over juist levensonderhoud hebben geconcludeerd, moeten we ons best doen ervoor te zorgen dat ons werk enig nut heeft voor anderen, ook al is dat niet altijd even gemakkelijk of zelfs mogelijk. Voor de Dalai Lama is dat niettemin de betrouwbaarste weg om een onlosmakelijke band te smeden tussen ons werk en het diepe, blijvende geluk waarnaar we allemaal op zoek zijn.

Voor sommigen die mogelijk overwegen hun idee van 'productieve arbeid' te herdefiniëren, en de definitie van de Dalai Lama willen overnemen, liggen er enkele gevaren op de loer. Een verkoper van sigaretten loopt bijvoorbeeld de kans dat hij zijn harde werk niet meer als productieve arbeid gaat beschouwen – althans volgens de nieuwe definitie. Op het eerste gezicht lijkt het overnemen van de nieuwe definitie onze oude definitie zelfs te beperken, het lijkt het aantal soorten werk dat wij als productief zouden beschouwen te limiteren. Paradoxaal genoeg kan het omarmen van deze nieuwe definitie onze opvatting van productiviteit feitelijk verruimen en leiden tot veel nieuwe mogelijkheden, veel nieuwe bronnen van voldoening op het werk. Als we ons idee van productieve arbeid veranderen, kan dat enkele interessante consequenties hebben. Stel dat we software verkopen en een onproductieve dag achter de rug hebben, in de zin dat we niets hebben verkocht, dan kunnen we toch het gevoel krijgen dat we iets hebben bereikt als we positief met onze klanten of collega's zijn omgegaan, als we hun dag een beetje gelukkiger hebben gemaakt. Onze dag wordt dan getransformeerd in een productieve dag waarop we trots mogen zijn. Uiteraard moeten we nog steeds boodschappen kopen en de huur betalen, dus we hebben nog altijd de 'normale productieve' dagen nodig waarop onze inspanningen enige inkomsten genereren. Maar een ruimere definitie van 'productieve arbeid', gebaseerd op het helpen van anderen, kan ons voorzien van tal van nieuwe bronnen van voldoening waardoor we, zelfs gedurende de onvermijdelijk slappe periodes in onze carrière, toch een gevoel van trots en prestatie kunnen behouden.

Nu we tot een gezamenlijke definitie van productieve activiteit waren gekomen, werd het tijd voor de laatste stap: welk verband bestaat er tussen productieve activiteit en ons fundamenteel verlangen naar geluk? De vraag bleef: heeft ieder van ons het innerlijk potentieel om via werk een gevoel van diepe voldoening te ervaren, en, zo ja, welke rol speelt arbeidsvreugde in ons algehele levensgeluk?

Zoals bij de meeste andere facetten van menselijk gedrag, presenteren evolutiebiologen uiteraard hun eigen theorie over de vraag waarom mensen over de natuurlijke capaciteit beschikken plezier en voldoening te ontlenen aan zware arbeid:

Op de savannen en vlakten van een primordiaal land in het verre verleden, zwierf ooit een kleine groep oermensen rond. Onder deze groep prehistorische jagers-verzamelaars bevonden zich twee broers: Jim en Lemarr. Omdat ze dezelfde ouders en dezelfde menselijke eigenschappen hadden, leken de broers in veel opzichten op elkaar. Ze vonden het allebei heerlijk om op een kille avond bij een warm vuur te zitten en te genieten van een smakelijke antilopenbout. Maar zoals bij alle mensen, waren er subtiele verschillen in genetische opmaak die resulteerden in lichte verschillen, niet alleen in uiterlijk, maar ook in intelligentie, temperament en karakter. Lemarr genoot van het maken van dingen, het ontwikkelen en beoefenen van bepaalde vaardigheden, en putte een gevoel van vreugde en voldoening uit het urenlang fabriceren van werktuigen, die hij kon gebruiken om te jagen en invloed uit te oefenen op de wereld om hem heen. Jim was echter minder geneigd te werken en vond meer voldoening in lanterfanten, kauwend op walnoten en kijkend naar een zonsondergang. Op een dinsdagmiddag, toen Jim alleen oog had voor een rups die over een blad kroop, werd zijn carrière als holbewoner ruw onderbroken toen hij als hoofdgerecht op het menu van een sabeltijger eindigde. Lemarr bleef in leven en kreeg een aantal kinderen die onze verre voorouders werden, en zijn gewoonte om te genieten van hard werken is aan ons overgedragen

Zo luidt althans de evolutietheorie. Maar afgezien van de etiologie, is er ondersteunend bewijs voor het idee dat mensen geboren lijken te worden met een innerlijke capaciteit om een gevoel van voldoening te putten uit hun werk. Bovendien is afdoende bewezen dat er een relatie bestaat tussen geluk op het werk en het algehele gevoel van geluk en voldoening in het leven. Psychologen en sociologen begonnen de relatie tussen arbeidsvreugde en levensvreugde in de jaren vijftig voor het eerst te onderzoeken, en sinds die tijd hebben onderzoekers een enorme hoeveelheid gegevens verzameld die het verband tussen geluk op het werk en het algehele levensgeluk bevestigen. In 1989 beoordeelden psychologen Marianne Tait, Margaret Youtz Padgett en Timothy T. Baldwin de bestaande literatuur uit de voorgaande dertig jaar en stelden vast dat er zonder meer een verband bestaat tussen arbeids- en levensvreugde. Dit geldt voor zowel mannen als vrouwen, voor fabrieksarbeiders en voor kantoormensen – het maakt niet uit of je werkt op Wall Street of, zoals bleek uit een recent onderzoek van Roderick Iverson en Catherine Maguire aan de universiteit van Melbourne, in een afgelegen kolenmijn in Australië. Sinds de studie uit 1989 hebben organisatiepsychologen, sociologen en vooraanstaande experts zoals Robert Rice, Timothy Judge en Shinichiro Watanabe de relatie tussen werk en geluk verder onderzocht, waardoor we steeds meer te weten zijn gekomen over de aard van de relatie. Zoals je intuïtief zou kunnen aanvoelen, hebben veel onderzoekers een 'tweerichtingsstroom' voorgesteld als model voor werk-/levensvreugde. Met andere woorden: als je tevreden bent met je werk, ben je vaak ook gelukkiger in het algemeen, en de mensen die gelukkig zijn met hun leven zijn vaak ook gelukkiger op hun werk. Zoals in de meeste onderzoeksgebieden bestaat er natuurlijk wat onenigheid onder de onderzoekers over de mate waarin werk het algehele geluk beïnvloedt of de mate waarin iemands levensgeluk overloopt in zijn of haar werk. Bij het bestuderen van het verband tussen arbeids- en levensvreugde, hebben sommige onderzoekers zelfs geprobeerd de relatie in getallen uit te drukken. Een onderzoek naar de kwaliteit van het Amerikaanse leven, gefinancierd door de Russell Sage Foundation, toonde aan dat arbeidsvreugde twintig procent van de algehele levensvreugde voor haar rekening nam. In een samenvatting van een deel van de literatuur over het onderwerp, meldden Harter, Schmidt en Keyes: 'Zo'n vijfde tot een kwart van de variatie in levensvreugde bij volwassenen kan worden toegeschreven aan voldoening op het werk.' Hoewel dit percentage op het eerste gezicht niet erg hoog lijkt, begin je de geweldige rol die werk mogelijk kan spelen in een gelukkig en bevredigend leven te waarderen als je ook rekening houdt met alle andere variabelen die iemands levensvreugde kunnen beïnvloeden, zoals burgerlijke staat, sociale steun buiten het werk, gezondheid en andere levensomstandigheden.

Het lijkt mij wel duidelijk dat mensen een innerlijk vermogen hebben om via werk voldoening te ervaren, en dat er ook een verband bestaat tussen arbeids- en levensvreugde. Gelukkig maar, want een groot deel van onze tijd op aarde wordt besteed aan werken. Toch kan het enige moeite kosten om de obstakels die ons ervan weerhouden vreugde op het werk te ervaren, wat ons geboorterecht is, te identificeren en weg te nemen. In onze discussies had de Dalai Lama een methode aangeraden om een begin te maken met dat proces. Maar er zat mij nog steeds iets dwars, er ontbrak nog iets. Omdat het mij opviel dat de Dalai Lama, ongeacht wat hij deed, altijd zo gelukkig leek te zijn, was ik onze discussies begonnen met de vraag hoe hij tegen zijn eigen werk of baan aan kijkt, in een poging te ontdekken wat voor rol werk speelde bij zijn eigen gevoel van voldoening en geluk. Mijn eerste pogingen hem over zijn eigen werk te laten praten, hadden niets opgeleverd, maar ik dacht dat het de moeite waard zou zijn om nog een keer op het onderwerp terug te komen. Alleen, hoe moest ik het onderwerp opnieuw ter sprake brengen om hem een completer antwoord te ontlokken? Ik kreeg opeens een ingeving toen ik mij iets herinnerde dat het jaar ervoor had plaatsgevonden, halverwege een intensieve drieweekse lezingentournee van de Dalai Lama in de Verenigde Staten.

Het gebeurde aan het eind van een vermoeiende dag. De Dalai Lama zat in de slotfase van een openbare toespraak in een grote stad in het Middenwesten. Zoals altijd beantwoordde hij in de laatste minuten van zijn toespraak de gebruikelijke vragen uit het publiek, variërend van 'Wat is de huidige status van de politieke situatie in Tibet?' tot 'Heeft u een vriendin?'. Zittend op een klapstoeltje achter het toneel, stond ik op het punt in slaap te vallen toen ik opeens volledig wakker schrok, verbijsterd door een vraag die ik niet eerder had gehoord. Een eenvoudige doch essentiële vraag die ik gedurende al onze ontmoetingen in de loop der jaren om de een of andere reden had vergeten te stellen.

'U spreekt vaak over geluk,' werd er gezegd, 'en u beweert zelfs dat geluk de zin van ons bestaan is. Dus vroeg ik mij af: wanneer was ú het gelukkigst?'

Het duurde lang voordat de Dalai Lama antwoord gaf, alsof hij alle tijd in de wereld had. Toen hij eindelijk antwoord gaf, was het alsof hij onder het genot van een kopje thee babbelde met een stel vrienden op zijn veranda in Dharamsala in plaats van duizenden mensen in een gehoorzaal toe te spreken, die allemaal ongeduldig op zijn antwoord zaten te wachten.

'Ik weet het niet,' begon hij mijmerend, bijna mompelend. 'Er zijn zoveel gelukkige momenten geweest, zo veel.' Uiteindelijk lachte hij. 'Mijn gelukkigste moment is misschien wel de dag waarop ik slaagde voor mijn geshe-examen. Ik weet nog dat ik mij zo opgelucht voelde toen het achter de rug was, ik was zo blij!' Zijn vrolijke lach kwam bulderend uit de luidsprekers en galmde door de hele zaal, weerklinkend in de harten van zijn luisteraars.

Ik herinnerde mij dat de Dalai Lama die vraag zo vrolijk had beantwoord, en het onderwerp zo snel met een opgewekt handgebaar wegwuifde, dat hij de indruk achterliet van een jonge Dalai Lama die, zittend aan een formicatafel in een schoon klaslokaal met airconditioning, een paar meerkeuzevragen had beantwoord en een paar opstellen had geschreven, vervolgens zijn examenboekje inleverde en zijn diploma bij de deur meekreeg. De realiteit was heel anders. De geshegraad, vergelijkbaar met een doctoraat in boeddhistische filosofie, vormde de culminatie van zeventien jaar hard werken. Het vergde een intensieve studie van talrijke takken van de boeddhistische theorie, logica, debattechnieken en psychologie. Zijn studie wemelde van de esoterische onderwerpen en cursussen die zo lastig waren dat ik mijn woordenboek moest afstoffen om zelfs maar de betekenis van de titel van de cursus te achterhalen: 'Eens zien... epistemologie... "de studie van de aard van kennis"'. Het mondeling examen duurde een volle dag, waarop de Tibetaanse topgeleerden uit de beste kloosteruniversiteiten in het land vragen op hem afvuurden ten overstaan van duizenden monniken en geleerden. En naast die gigantische druk voor de jonge leider van Tibet, was de politieke situatie in Tibet zo gespannen dat er voor het eerst in de geschiedenis gewapende bewakers, zowel Tibetaanse als Chinese, rond het grote binnenhof stonden opgesteld, wachtend op de onlusten die elk moment konden uitbreken. Hij was met de dood bedreigd en ook op de hoogte gebracht van dat dreigement.

Hoewel het begrijpelijk is dat je blij bent na het halen van je eindexamen, zou ik dit niet direct een vredig gelukkig moment hebben genoemd, want je kon je moeilijk een situatie indenken met nog meer inwendige en uitwendige spanningen en uitdagingen. Toch beweerde hij dat dit zijn gelukkigste moment was, of tenminste een van zijn gelukkigste. Zijn antwoord impliceerde voor mij meer dan een tijdelijk gevoel van opluchting na het met goed gevolg afleggen van een bijzonder lastig en intimiderend examen. Het wees op een dieper verband tussen hard werken, uitgesmeerd over een periode van vele jaren, en ultiem geluk en voldoening.

Nu ik terugdacht aan die vraag en zijn antwoord over het gelukkigste moment in zijn leven, bedacht ik dat dit wellicht de beste manier was om het verband tussen werk en geluk in zijn eigen leven ter sprake te brengen.

'Toen men u vroeg wat uw gelukkigste moment was,' bracht ik hem in herinnering, 'zei u dat dat de dag was waarop u uw examens voltooide en uw geshegraad kreeg. Ik weet dat u voor die prestatie vele jaren lang ontzettend hard heeft moeten werken. Uw antwoord heeft voor mij dan ook enkele interessante implicaties. Het impliceert dat productieve activiteit en zinvol werk echt een belangrijk onderdeel vormt van menselijk geluk, tenminste in uw geval. En dat komt volledig overeen met de bevindingen van onderzoekers en sociologen die ontdekten dat werk, in termen van een volwaardig mensenleven, een belangrijke component is van menselijk geluk. Sterker nog, sommige onderzoekers zijn van mening dat de hersenen dusdanig zijn "bedraad", genetisch zijn geprogrammeerd, dat ze geluk ervaren door middel van productieve en zinvolle activiteiten, het uitoefenen van vaardigheden, het reageren op en vormgeven van onze omgeving.'

'Ik vind het dus heel interessant dat u niet heeft gezegd dat u zich het gelukkigst voelde terwijl u op een dag in uw eentje zat te mediteren of in een of andere vredige rusttoestand verkeerde, maar dat u impliceerde dat het iets te maken had met het bereiken van een bepaald doel op alledaags niveau.'

De Dalai Lama leek heel aandachtig te luisteren. Daarna antwoordde hij: 'Ik begrijp wat je bedoelt als je zegt dat je een zekere mate van voldoening kunt ontlenen aan werk. En in dit geval heeft je beschrijving van productieve activiteit meer betrekking op de extern georiënteerde activiteiten waarover wij eerder spraken. Toen ik als jongeling in Tibet woonde, vond ik het bijvoorbeeld leuk om dingen te repareren, mechanische voorwerpen uit elkaar te halen, of dingen als horloges, om te proberen erachter te komen hoe ze werkten, ook al lukte het niet altijd om ze weer fatsoenlijk in elkaar te zetten. Soms spijbelde ik zelfs om dat soort dingen te doen,' bekende hij grinnikend. 'Maar toch denk ik niet dat het volledig juist is om te zeggen dat mensen genetisch zijn geprogrammeerd om alleen geluk te ervaren door middel van productieve activiteit.'

'O, nee, nee,' corrigeerde ik. 'Dat wil ik ook niet beweren. Sterker nog, in de discussies die hebben geleid tot ons eerste boek gingen we uit van uw vooronderstelling dat de toestand van je geest, de mentale factor, bepalend is voor je geluk. Dus ons eerste boek concentreerde zich op het algemene thema van innerlijke ontwikkeling, en wij begonnen onze huidige discussies al met de aanname dat het ware geluk totstandkomt door innerlijke ontwikkeling. Daar twijfelen wij niet aan.'

'Maar u heeft ook gezegd dat veel elementen kunnen bijdragen aan menselijk geluk. Hier richten wij onze aandacht op een van die elementen, eentje die wij in ons eerste boek niet gedetailleerd hebben besproken. Het extra element dat ik hier aandraag, is productieve activiteit en werk. Dus ja, ik ben het met u eens dat wij niet zijn geprogrammeerd om geluk *alleen* te ervaren door zinvolle, productieve arbeid of activiteiten. Maar nu wil ik onderzoeken wat voor plaats het werk inneemt in onze zoektocht naar menselijk geluk. En ik herhaal nog maar eens dat we hier niet praten over hoge staten van spirituele gelukzaligheid, maar meer over huis-tuin-en-keukengeluk van dag tot dag, van moment tot moment, en hoe productieve activiteit en werk kan bijdragen aan onze algehele levensvreugde, zoals het werk om uw graad te behalen u gelukkig heeft gemaakt.'

'Goed, dat is één ding dat ik moet verduidelijken,' zei de Dalai Lama. 'Toen ik zei dat mijn gelukkigste moment het behalen van mijn geshegraad was, wilde ik niet impliceren dat je geen hoge staten van geluk kunt bereiken door innerlijke ontwikkeling, een innerlijk gedachteproces dat je bereikt door meditatieve realisatie. Hoewel ik zulke niveaus van meditatieve realisatie zelf nog niet heb bereikt, wil dat niet zeggen dat het onmogelijk is. Sterker nog, ik heb zelfs glimpjes opgevangen van die mogelijkheid. Volgens mij heb ik je in het verleden iets over die ervaringen verteld.'

'Nou, ik denk dat we er het allebei over eens kunnen zijn dat menselijk geluk vele elementen omvat,' gaf ik toe, 'en dat veel factoren kunnen bijdragen aan geluk. In het verleden hebben we het gehad over het belang van het trainen van je geest, en u heeft andere vormen van innerlijke meditatieve training genoemd. En u heeft in het verleden natuurlijk ook dingen genoemd zoals familie, vrienden enzovoort. We kunnen op een later tijdstip terugkomen op sommige van die elementen, maar deze week hebben wij het gehad over werk. We hebben veel aspecten van werk, levensonderhoud, enkele veelvoorkomende bronnen van onvrede op het werk enzovoort besproken. Omdat dit onze laatste bijeenkomst is voor deze reeks discussies, zou ik graag het volgende van u willen weten: in hoeverre draagt ons werk in de brede zin van het woord, datgene wat wij doen in de wereld, bij aan onze zoektocht naar geluk?'

De Dalai Lama dacht een tijdje na voordat hij antwoord gaf. 'Het is heel moeilijk iets algemeens te zeggen over de mate waarin werk een bijdrage levert aan menselijk geluk. Weet je, er zijn nog altijd een heleboel complexe factoren bij betrokken. De interesses van een individu, de achtergrond, de leefomstandigheden, het sociale milieu en de aard van het werk kunnen allemaal invloed hebben op de mate waarin iemands werk mogelijk bijdraagt aan zijn of haar algehele geluk. Die factoren kunnen een groot verschil maken. En ik denk dat het voor een groot deel ook afhangt van het karakter, de psychische opmaak, van het individu. Als wij het dus hebben over een gevoel van voldoening dat mensen ontlenen aan het werk op zich, moet je begrijpen dat er veel factoren in het spel zijn.'

Ik zuchtte inwendig. Ik herinnerde mij onze gesprekken in de loop der jaren waarin ik zocht naar duidelijke antwoorden, definitieve beweringen en korte, krachtige oplossingen. En nu lukte het mij weer niet! Hij herinnerde mij er constant aan hoe complex mensen in elkaar zitten.

Hij had natuurlijk gelijk. Hoewel we, vanuit darwinistisch perspectief, van onze verre voorouders een aangeboren neiging hebben geërfd om plezier en voldoening te putten uit productieve activiteit, leven we niet meer in een gemeenschap met hoofdzakelijk jagers-verzamelaars. Toen de mensheid de moderne wereld betrad, werd het leven veel complexer, en die spontane vreugde die wij via ons werk kunnen ervaren, is voor menigeen vertroebeld door de complexe variabelen die het leven in de eenentwintigste eeuw kenmerken.

We hebben eerder gezegd dat hoewel het algemene verband tussen werk en geluk is aangetoond, er onder onderzoekers nogal wat onenigheid bestaat over de mate waarin en de wijze waarop werk bijdraagt aan het algehele geluk. Ondanks deze uiteenlopende meningen, zijn de onderzoekers en sociologen het in ieder geval over één ding eens en bevestigen zij daarmee unaniem de visie van de Dalai Lama dat er complexe variabelen in het spel zijn bij het bepalen van iemands voldoening op het werk alsook iemands algehele voldoening in het leven. Zoals de Dalai Lama opmerkt, kunnen de individuele persoonlijkheid, instelling, interesses, het sociale milieu en tal van andere factoren allemaal van invloed zijn op de mate waarin iemand voldoening ontleent aan zijn of haar werk. En zoals de Dalai Lama eerder suggereerde, kan zelfs je nationale en culturele achtergrond een rol spelen, een feit dat in een recent boek over arbeidsvreugde goed gedocumenteerd werd door bedrijfs- en organisatiepsycholoog Paul Spector.

Er zijn niet alleen veel variabelen of factoren die van invloed kunnen zijn op arbeidsvreugde, er zijn ook veel factoren die bijdragen aan een gelukkig leven. Zoals de Dalai Lama ons er eerder aan herinnerde, vormt arbeidsvreugde slechts een van die factoren. Het geluk van mensen is afhankelijk van tal van elementen. Na een uitvoerig onderzoek naar de factoren die menselijk geluk kunnen beïnvloeden, concludeerde Ed Diener, hoogleraar psychologie aan de universiteit van Illinois Urbana-Champaign, het volgende: ' (...) het lijkt waarschijnlijk dat subjectief welzijn niet kan worden toegeschreven aan een handjevol doorslaggevende variabelen, gezien het immense aantal factoren dat er invloed op uit kan oefenen.' Als we kijken naar de complexiteit van mensen en de grote variëteit van biologische, sociale, economische of demografische variabelen die ons geluk op het werk of thuis kunnen beïnvloeden, is de vraag: waar te beginnen? Hier komen de nieuwste wetenschappelijke ontdekkingen van onderzoekers op het gebied van menselijk geluk samen met de wijsheid van de Dalai Lama, die is gebaseerd op oude boeddhistische filosofie – we beginnen door onze blik naar binnen te richten, door onze opvattingen en zienswijze opnieuw vorm te geven. De volgende conclusie van dr. Diener doet denken aan het perspectief van de Dalai Lama: 'Het lijkt erop dat de wijze waarop mensen de wereld waarnemen een veel grotere rol speelt bij geluk dan objectieve omstandigheden.' En er is een enorme stapel bewijsmateriaal om deze bewering te staven.

Daarom is het, ondanks de bewonderenswaardige en goedbedoelde pogingen van sommige onderzoekers om de mate waarin werk bijdraagt aan ons geluk in exacte getallen uit te drukken, moeilijk om te generaliseren.

Het is, zoals de Dalai Lama beweert, grotendeels een kwestie van individuele verschillen. En gezien de vreugde die de Dalai Lama lijkt uit te stralen bij het verrichten van zijn dagelijkse activiteiten, was ik heel nieuwsgierig naar zijn persoonlijke opvatting over het werk dat hij doet. En ook zijn persoonlijke taakomschrijving ('Ik doe niets') zat mij niet lekker, ik vond dat enigszins onbevredigend. Ik had nog steeds het gevoel dat anderen mogelijk geholpen konden worden als wij iets meer te weten zouden komen over hoe hij zijn eigen werk ziet, en welke plaats zijn werk in zijn leven inneemt. Dat zou misschien iets opleveren wat wij in ons eigen werk en leven zouden kunnen toepassen.

Ik wilde een laatste poging wagen en zei: 'Deze week hebben wij gesproken over de opvattingen van mensen aangaande hun werk, de verschillende zienswijzen die mensen kunnen hebben met betrekking tot hun baan. En ik ben nog steeds nieuwsgierig naar uw eigen opvattingen over uw werk. Ik heb u eerder gevraagd wat u zou antwoorden wanneer mensen zouden vragen wat u voor de kost deed, en u zei dat u tegen hen zou zeggen dat u niets deed, of gekscherend zou zeggen dat u alleen voor uzelf zorgde enzovoort. Maar ik wil het toch iets specifieker maken. Ik bedoel, in uw geval vervult u verschillende rollen: u bent een gewijde monnik, u bent de leider van het Tibetaanse volk, u bent een staatsman, een leraar, een boeddhistisch geleerde, en u geeft lezingen en neemt deel aan diverse conferenties over heel de wereld. Ik bedoel, u bent betrokken bij een heleboel activiteiten, en dat was eigenlijk waar ik naartoe wilde... wat beschouwt u zelf als uw werk in de wereld? Uw taak?'

'Ik ben uiteraard een monnik, een boeddhistische monnik. En het werk, of de voornaamste interesse, van een monnik is de studie en beoefening van het boeddhisme. En het belangrijkste is om anderen te helpen door spiritualiteit, door mijn eigen ervaring. Dat is dus mijn voornaamste taak, niet? Dus wanneer ik lezingen geef, probeer ik die mensen enig inzicht te geven in datgene wat, volgens mijn eigen ervaring, heilzaam is, wat een zinvol leven is.'

'Als je het hebt over mijn dagelijks werk, mijn werk in de wereld, dan zijn mijn activiteiten en mijn beslissingen gebaseerd op boeddhistische principes. Ik ga uit van de boeddhistische concepten van groot mededogen en onderlinge afhankelijkheid. Mijn middenwegpolitiek, mijn benadering van de politieke kwestie rond Tibet, is bijvoorbeeld gevormd door mijn zienswijze van onderlinge afhankelijkheid, het inzicht dat in de hedendaagse wereld alle landen onderling afhankelijk zijn van elkaar. Zo is Tibet natuurlijk in grote mate afhankelijk van India en China. En in mijn beleid zie je ook de invloed van boeddhistische principes als geweldloosheid. We gaan geen oorlog voeren met de Chinezen om ons land terug te krijgen. Ik denk dat alles wat ik doe, beïnvloed is door boeddhistische principes. Nou ja, misschien niet alles... soms zit ik een beetje te knoeien met een schroevendraaier, en daar komen volgens mij weinig boeddhistische principes aan te pas. Dat weet ik niet.' Hij lachte. 'Afgezien daarvan, denk ik dat ik het grootste deel van mijn dagelijks leven doorbreng als monnik, als een beoefenaar van het boeddhisme. Ik sta bijvoorbeeld elke ochtend om halfvier op om te studeren, te bidden en te mediteren. Mijn broer plaagt mij weleens en zegt dat ik zo vroeg opsta omdat ik honger heb en mijn ontbijt wil hebben,' zei hij opnieuw lachend. 'Misschien is dat wel zo, maar ik denk toch dat ik hoofdzakelijk opsta om mijn oefeningen te doen. Dus mijn studie en oefening als monnik is mijn enige professie. Verder doe ik niets.'

'Oké,' zei ik, 'maar ik weet dat u naast uw spirituele oefeningen als boeddhistische monnik nog tal van andere dagelijkse activiteiten heeft. U noemde bijvoorbeeld de politieke situatie, en ik weet dat u werk en taken heeft die te maken hebben met uw rol als leider van het Tibetaanse volk. In hoeverre dragen uw andere activiteiten, zoals uw politieke taken, bij aan uw algehele gevoel van geluk en voldoening? Spelen die ook een rol?'

'Er bestaat absoluut een verband tussen de vreugde die je op het werk ervaart en je algehele gevoel van voldoening,' legde de Dalai Lama uit. 'Ik ben er echter niet zeker van of je mijn persoonlijke ervaring hier kunt toepassen op de ervaringen van vele andere individuen.

Zo had ik vanochtend een gesprek met enkele leden van het Tibetaanse secretariaat, en ik had het er bijvoorbeeld over dat als je kijkt naar de Tibetaanse geschiedenis, het duidelijk wordt dat wij Tibetanen vele generaties lang de belangrijke veranderingen om ons heen hebben genegeerd, zodat wij nu op een punt zijn beland waarop veel van de aangerichte schade bijna onherstelbaar is. In zekere zin is de huidige crisis een nalatenschap van vorige generaties. En die crisis heeft tragische gevolgen gehad voor de Tibetaanse cultuur en het volk als geheel. Maar omdat ik op zo'n kritiek moment een Tibetaan ben, en ook nog eens de Dalai Lama, krijg ik tegelijkertijd een geweldige mogelijkheid om mij dienstbaar te maken, mij in te zetten voor het welzijn van een volk en ervoor te zorgen dat hun cultuur niet verloren gaat.'

'Dat lijkt mij gerelateerd aan wat wij hebben besproken over uitdagingen. U zegt dus: hoe groter de uitdaging, hoe groter het gevoel van voldoening dat je aan je werk kunt ontlenen?' vroeg ik.

'Ja zeker. Als ik bijvoorbeeld kijk naar mijn eigen verantwoordelijkheid voor Tibet en het Tibetaanse volk, dan is onze huidige tragedie, zoals ik eerder zei, in feite het resultaat van talrijke complexe factoren, waaronder de lange periode van onachtzaamheid in Tibet, en de onwetendheid over de gebeurtenissen in de buitenwereld. Maar als ik de ernst van de situatie inzie – het feit dat de Tibetanen als volk met een uniek cultureel erfgoed in hun voortbestaan worden bedreigd – word ik mij bewust van de waarde van zelfs maar de kleinste bijdrage die ik kan leveren aan de bescherming van het Tibetaanse volk. Dit versterkt op zijn beurt de overtuiging dat mijn werk in relatie tot de Tibetaanse problematiek feitelijk deel uitmaakt van mijn levenslange dagelijkse spirituele beoefening, de beoefening van iemand die heilig gelooft dat het helpen van anderen het hoogste doel is van een spiritueel beoefenaar. Op die manier ontstaat er, in mijn leven, een nauw verband tussen mijn werk en mijn dagelijkse gebeds- en meditatiebeoefening. Analytische meditatie vind ik bijvoorbeeld nuttig om mijn geloof in de principes van geweldloosheid, mededogen en vergiffenis, vooral ten opzichte van de communistische Chinezen, te verdiepen. Er is dus sprake van een wederzijdse beïnvloeding van mijn toewijding aan bepaalde spirituele waarden, mijn dagelijkse spirituele beoefening, de impact ervan op mijn hele denkproces en levensvisie, en hoe die op hun beurt invloed hebben op mijn politieke werk voor het Tibetaanse volk. Daaruit volgt dat mijn politieke werk weer invloed uitoefent op mijn spirituele beoefening. Alles hangt met elkaar samen. Een stevig ontbijt draagt bijvoorbeeld bij aan mijn gezondheid. En als ik in goede gezondheid verkeer, blijf ik in leven zodat ik mijn werk kan voortzetten. Zelfs een eenvoudige glimlach kan van invloed zijn op mijn totale geestestoestand. Alles is dus met elkaar verbonden, alles is afhankelijk van elkaar.

Wanneer je de onderling afhankelijke aard van alle aspecten in je leven onderkent, zul je begrijpen hoe verschillende factoren, zoals je waarden, je opvattingen, je emotionele toestand, allemaal kunnen bijdragen aan je gevoel van voldoening op het werk, en aan je vreugde en geluk in het leven.'

Eindelijk viel alles op zijn plaats. Ik begreep nu waarom de Dalai Lama zijn werk kon omschrijven met 'Ik doe niets'. Omdat hij bekendstond om zijn luchthartige humor, wist ik natuurlijk ook dat die taakomschrijving deels ironisch bedoeld was. Achter de gekscherende opmerking dat hij 'niets' deed, schuilde zijn natuurlijke tegenzin, iets wat ik bij vele gelegenheden heb gezien, om onnodig de loftrompet over zichzelf te steken. Dit leek voort te komen uit het feit dat hij zichzelf niet belangrijk vond, of zich niet druk maakte over hoe anderen zijn werk beoordeelden, zolang hij maar de oprechte motivatie had anderen te helpen.

Maar we hadden hier ook te maken met een diepere waarheid. Tijdens onze discussie over de sterke punten van jezelf, kwam ik er gaandeweg achter dat de Dalai Lama iemand is bij wie het zelf compleet is versmolten met het werk. Zijn privé- en arbeidsleven gingen volledig in elkaar op, zozeer dat er geen scheiding bestond tussen zijn 'persoonlijk' leven, zijn leven 'op het werk', zijn 'spirituele' leven of zijn leven 'thuis'. En omdat hij geen aparte reeks taken eruit pikte en onderbracht in de categorie 'werk', had hij geen werk. 'Ik doe niets.' Ik heb mij weleens afgevraagd hoe hij erin slaagt overal volledig zichzelf te blijven, hij lijkt altijd hetzelfde te zijn. Hij heeft 'buiten diensttijd' geen andere persoonlijkheid.

Omdat de Dalai Lama in alles wat hij doet volledig aanwezig is, heeft hij weinig behoefte om zijn gedrag aan te passen of te veranderen naargelang de omgeving. Hij is wie hij is, hij is zowel thuis als 'op het werk' hetzelfde. Als je zo kunt leven, moet dat een enorm gevoel van vrijheid geven, dacht ik bij mezelf. Ik herinnerde mij een bijzonder tafereel waarvan ik vorig jaar getuige was geweest. De Dalai Lama bracht een bezoek aan Washington D.C. en woonde op een avond een receptie bij die ter ere van hem in het Capitool werd gehouden. De receptie werd georganiseerd door senator Diane Feinstein en bijgewoond door de elite van Washington, een ware optocht van politieke machthebbers uit de hoofdstad. Het evenement vond plaats in de chique Appropriations Room van de Senaat in het Capitool. Ambassadeurs, hoge senators en congresleden gleden, onder de sierlijke kristallen kroonluchters, geruisloos over het rode pluchen tapijt, omringd door frescoachtige schilderingen in pastelkleuren op de muren en het plafond. De omgeving diende als een toepasselijke achtergrond om de prominentie van de aanwezige gasten te onderstrepen. Ik herkende veel gezichten die ik vaak op CNN had gezien, maar het zien van deze mensen in levenden lijve gaf mij een onbehaaglijk gevoel. Ik wist eerst niet goed waarom, maar toen zag ik het: veel gasten leken in het echt niet 'echter' dan op televisie. Ik bestudeerde de kopstukken uit het Congres en de Senaat aandachtig – hun diep gegroefde gezichten leken verstard alsof ze een ondoorzichtig masker droegen, hun bewegingen waren stijf en mechanisch. En daartussen liepen gretige jonge assistenten en stagiair(e)s, net afgestudeerd aan de universiteit, bedwelmd door de macht om hen heen, sprekend met nauwelijks verholen opwinding. Proberend zich te gedragen als volwassenen, dacht ik. Als iemand die nooit eerder was blootgesteld aan de wereld van de politiek, scheen het tafereel mij haast surrealistisch toe.

Ik was vroeg gekomen en zag allerlei mensen rondlopen. De oudere gasten, die reeds een gevestigde reputatie hadden, leken zo zelfverzekerd door hun hoge positie en zo met zichzelf ingenomen dat ze weinig belangstelling voor anderen leken te hebben. Wanneer ze aan iemand werden voorgesteld, keken ze dwars door hen heen en leken ze zich er nauwelijks van bewust dat er iemand voor hen stond. De jongere of minder zelfverzekerde gasten vormden verreweg de meerderheid en leken zich evenzeer niet bewust te zijn van hun gesprekspartners, want hun ogen schoten constant heen en weer, trachtend hun plaats in de machtshiërarchie te bepalen. Sommigen baanden zich een weg door de menigte en stelden zich voor. Zoals ik later aan de Dalai Lama zou vertellen, luidde de meest gestelde vraag: 'Wat doet u?' Ze leken een talent te hebben voor het taxeren van mensen. Ze konden in zestien nanoseconden bepalen of je iets voor hen kon betekenen – zo niet, dan vertrokken ze snel en elleboogden zich een weg door de kamer om iemand te zoeken die wel belangrijk was. Sommigen nipten aan een cola-light of witte wijn, en in het midden van het vertrek stond een lange bankettafel, afgeladen met geïmporteerde kazen, gefrituurde garnalen, pasteitjes van bladerdeeg en allerlei delicatessen. Het eten bleef grotendeels onaangeraakt. Veel mensen leken te gespannen om te eten. Ik keek de kamer rond en zag maar weinig mensen die er ontspannen en gelukkig uitzagen.

Ten slotte betrad de Dalai Lama het vertrek. Het contrast was opmerkelijk. Zoals gewoonlijk leek hij kalm en opgewekt. Ik zag dat hij niet eens de moeite had genomen zijn goede leren Rockports aan te doen – hij droeg zijn oude rubberen teenslippers. Senator Feinstein en haar echtgenoot begonnen de Dalai Lama meteen voor te stellen aan enkele gasten. Hij schonk een glas water voor zichzelf in, terwijl senator Feinstein een zware antieke stoel van donker eikenhout door de kamer sleepte, tegen een muur zette en de Dalai Lama uitnodigde te gaan zitten. Diverse senators gingen in de rij staan om aan hem voorgesteld te worden. Omdat ik aan de andere kant van het vertrek stond, kon ik niet horen wat er werd gezegd, maar bij het zien van de manier waarop hij hen benaderde, met een stevige handdruk, een oprecht vriendelijke glimlach, direct oogcontact enzovoort, was het duidelijk dat hij, zoals altijd, van mens tot mens met hen omging, zonder enige pretentie. Al snel verscheen er een glimlach op het gezicht van de ander, die zichtbaar ontspande. Ik zag dat veel gasten na de introductie bleven dralen, onwillig om weg te gaan. Uiteindelijk pakte een senator een stoel en ging naast de Dalai Lama zitten. De volgende in de rij deed hetzelfde. Weldra zaten er aan weerszijden van Zijne Heiligheid een stuk of vijf politici tegen de muur. Toen ik zag hoe ze aandachtig voorover leunden in de richting van de Dalai Lama, verdiept in hun conversatie, deed het tafereel mij, vanaf de andere kant van de kamer, denken aan het Laatste Avondmaal. Het leek wel of hun gezicht en lichaamshouding zich meer ontspanden naarmate ze dichter bij de Dalai Lama zaten. Toen ik een paar minuten later weer omkeek, werd ik getroffen door een nog opmerkelijker tafereel: de Dalai Lama hield liefdevol de hand vast van de man naast hem – een bekende, doorgewinterde, oude politicus die hij zojuist had ontmoet. Hij hield de hand van de politicus vast zoals je de hand van een kind vasthoudt, en de politicus, die het moment daarvoor nog hardvochtig en ondoordringbaar had geleken, leek opeens zichtbaar te ontdooien en een stuk menselijker.

Terwijl dit plaatsvond, stond ik te kletsen met het hoofd van de veiligheidsdienst die belast was met de veiligheid van de Dalai Lama. Hij had dezelfde taak toegewezen gekregen bij eerdere bezoeken van Zijne Heiligheid aan de Verenigde Staten en vertelde mij dat de beveiliging van de Dalai Lama zijn favoriete opdracht was – niet alleen omdat de Dalai Lama, in tegenstelling tot sommige andere diplomaten die tot drie uur 's nachts naar disco's wilden gaan, elke avond al om negen uur in bed lag, maar ook omdat hij hem oprecht bewonderde. 'Ik ben natuurlijk geen boeddhist,' legde hij uit, 'maar de Dalai Lama heeft mij echt geïnspireerd.'

'In welk opzicht?' vroeg ik.

'Ik denk vooral omdat het mij is opgevallen dat hij het leuk vindt om, overal waar hij komt, met de chauffeurs te praten, met de conciërges en serveersters, met het dienstpersoneel. En hij behandelt iedereen gelijk.' En dat werd nergens zo duidelijk als in het tafereeltje dat ik zojuist hier in het Capitool had gadegeslagen. Hij behandelde iedereen met evenveel respect. De Dalai Lama behandelde de serveerster hetzelfde als de leider van de grootste partij in de Senaat. Zijn houding, zijn gedrag, zijn manier van spreken en zijn handelingen waren altijd precies hetzelfde, of hij nu sprak met het kamermeisje in het hotel, de chauffeur die hem naar een receptie bracht, of de toppolitici van de Verenigde Staten.

En daarmee had ik mijn antwoord: omdat hij geen toneel hoefde te spelen, zich in het openbaar of 'op het werk' niet anders gedroeg dan in zijn privé-leven, en overal waar hij kwam gewoon zichzelf kon zijn, kostte zijn werk hem geen enkele moeite. De meesten van ons hebben uiteraard nog een lange weg te gaan voordat we dat niveau van integratie bereiken, maar hoe meer wij de kloof tussen wie wij zijn en wat wij doen kunnen verkleinen, hoe plezieriger ons werk zal worden.

NAWOORD

De assistent van de Dalai Lama, een lange vriendelijke Tibetaanse monnik met een traditioneel kastanjebruin gewaad en een eeuwige glimlach, kwam stilletjes de kamer binnen en begon het theeservies discreet op te ruimen. Ik realiseerde mij dat de laatste minuten van onze bijeenkomst waren ingegaan. Wetende dat het tijd was om af te sluiten, pakte ik mijn notitieboekje en keek naar de lijst met onderwerpen die ik met hem had willen bespreken.

Terwijl ik de lange lijst met nog onbesproken onderwerpen vluchtig doornam, zei ik: 'We hebben niet veel tijd meer, maar er zijn nog steeds veel dingen die ik aan u zou willen vragen. Ik denk dat wij een heleboel oorzaken van onvrede op het werk hebben besproken, maar er zijn nog steeds dingen die wij niet hebben behandeld. Bijvoorbeeld het hele vraagstuk over ethiek op het werk, de onvrede die wordt veroorzaakt wanneer je persoonlijke waarden of ethische principes niet overeenkomen met de ethische waarden van de organisatie waarvoor je werkt. En we hebben het ook niet gehad over klokkenluiders of schandalen in het bedrijfsleven.

En ik was ook graag dieper ingegaan op intermenselijke relaties op het werk en in de zakenwereld, zowel tussen collega's als werkgevers en werknemers, en...'

'Howard,' onderbrak de Dalai Lama mij, 'als je nog gedetailleerder wilt gaan discussiëren over werk of de specifieke problemen die uiteenlopende individuen mogelijk op het werk ondervinden, dan komt er nooit een einde aan onze discussie – er zijn immers zes miljard mensen in de wereld, en die hebben misschien allemaal hun eigen problemen. En je begeeft je hier ook op een ander terrein. Tot dusver hebben wij geluk op het werk hoofdzakelijk besproken vanuit het oogpunt van de arbeider, de werknemer, en wij hebben methoden besproken die je kunt toepassen om meer voldoening te ervaren op het werk, door je zelf in te spannen, door je zienswijze te veranderen, het inzicht in jezelf te vergroten of andere dingen die wij hebben genoemd. Maar dat vormt slechts een deel van het geheel. Ook de werkgever, het management en de organisatie bepalen deels de sfeer op de werkplek en hebben invloed op het geluk van de werknemers. En als we natuurlijk de grote ethische vraagstukken in de zakenwereld, economie enzovoort gaan bespreken, is dat weer wat anders...'

'Nou, ik hoopte eigenlijk dat we die dingen juist nader zouden bespreken, maar ik denk niet dat we daar nog tijd voor hebben.'

'Dat moet dan maar wachten tot een volgende keer. En,' voegde hij eraan toe, 'ik weet niet in hoeverre ik op dat gebied behulpzaam kan zijn. Of ik daar wel iets zinnigs over te zeggen heb. Ik ben geen expert op zakelijk gebied. Ik weet er heel weinig van af.'

'Ik ook niet,' gaf ik toe, 'maar ik weet dat u een groot voorstander bent van het toepassen van seculiere ethiek op alle terreinen waarop de mens zich begeeft, dus zou ik het onderwerp onder meer vanuit die hoek willen benaderen.'

'Natuurlijk ben ik altijd bereid om je weer te ontmoeten. Dus laten we dat afspreken en ideeën uitwisselen, over deze dingen praten en zien wat eruit voortkomt. Ik zal doen wat ik kan. Maar ik denk dat je zelf ook dit soort onderwerpen moet bestuderen, wat huiswerk zult moeten maken. En het zou een goed idee zijn om met zakenmensen, deskundigen op dat gebied, te praten en hun te vragen wat hun ervaringen zijn, zodat je erachter komt hoe ze dergelijke principes toepassen in hun bedrijf, of welke problemen ze tegenkomen. Op die manier kunnen we misschien met iets nuttigs voor de dag komen. We doen gewoon ons best.'

De Dalai Lama gaapte, zette zijn bril af en wreef in zijn ogen. Hij had een lange dag achter de rug. Hij bukte voorover, deed zijn schoenen aan en begon zijn veters te strikken. Dit was, zo wist ik uit ervaring, het gebruikelijke signaal dat onze bijeenkomst ten einde liep. 'We hebben gesproken over werk, en dit maakt deel uit van ons werk. Dus ik waardeer je komst. Je bent van ver gekomen, helemaal uit Arizona. En ik waardeer je eerlijkheid,' zei hij zachtjes, terwijl hij het strikken van zijn schoenveters voltooide en opstond. 'Dankjewel.'

We hebben gesproken over werk, en dit maakt deel uit van ons werk... Tot op dat moment was het niet in mij opgekomen om onze ontmoetingen als werk te beschouwen. Tijdens ons samenzijn leek het alsof we over werk hadden gepraat in abstracte zin. Dat was een activiteit die ergens in de wereld plaatsvond als de anonieme, ontelbare mensenmassa's hun dagelijkse karweitjes deden – niet iets wat hier in de kamer plaatsvond. Ik wist in mijn achterhoofd natuurlijk dat er op een gegeven moment een immense inspanning moest worden geleverd om onze gesprekken in boekvorm weer te geven. Dat moment was echter gereserveerd voor de toekomst en een andere plaats. Maar de urenlange discussies met de Dalai Lama waren voor mij geen werk. Ik was zo verdiept in onze gesprekken, zo dankbaar voor de gelegenheid om hem te spreken en te onderzoeken hoe ook ik kon leren een gelukkiger mens te worden, dat ik er zelfs voor betaald zou hebben. Dit was geen werk. En als het wel werk was, had ik op de een of andere manier hetzelfde baantje gekregen als de Dalai Lama: 'Ik doe niets.' Alleen deed hij het fulltime, terwijl ik slechts een uitzendkracht was.

Toen ik op het punt stond te vertrekken, vroeg de Dalai Lama mij even te wachten. Hij liep naar de zijkamer van zijn kantoor en kwam weer tevoorschijn met een boeddhistisch beeldje dat hij mij voor mijn verjaardag gaf. Omdat ik geen cadeautje had verwacht, was ik sprakeloos van ontroering. Ik wist nog net een paar onverstaanbare woorden van dank te stamelen. Daarna, staand op de veranda bij de hordeur, glimlachte de Dalai Lama en omhelsde mij lang. We hadden in tal van gesprekken geworsteld met menselijke problemen die bij het dagelijks leven horen, en er stond mij nog een grote klus te wachten, talloze uren redigeerwerk, en op dat moment moest natuurlijk nog maar blijken wat onze inspanningen uiteindelijk voor resultaat zouden hebben. Maar op dat ogenblik, in dat moment van menselijk contact, die simpele uitwisseling van warmte en genegenheid met mijn vriend en medewerker, kreeg ik het gevoel dat het hier allemaal om draaide.

BIJLAGE

MEDITATIEOEFENINGEN

De eerste stap in deze oefening is het vinden van het juiste tijdstip en een geschikte plaats om te oefenen. Zoek een plaats die zo kalm en vredig mogelijk is. Vind een tijdstip waarop je weet dat je minstens vijf tot tien minuten niet wordt gestoord. Als je wilt, kun je de telefoon van de haak leggen of de deurbel uitschakelen. Of als je een aparte kamer hebt, zoals een studeerkamer waar je de telefoon niet kunt horen, dan is dat ook prima. Het creëren van zo'n tijdstip en plaats is belangrijk. Zodra je eenmaal de juiste omgeving hebt gecreeerd, kun je beginnen met de formele zitoefening.

De volgende stap is het aannemen van de juiste zitpositie en houding. Ga zitten in de comfortabelste positie. Je kunt op een stoel zitten of op een kussen op de vloer of je kunt, als je dat comfortabeler vindt, zelfs op je rug op een bed gaan liggen, hoewel je in dat geval moet oppassen dat je niet in slaap valt. Welke houding je ook kiest, het is heel belangrijk om je ruggengraat recht te houden. Laat je armen ontspannen, houd je ogen iets geopend, maar je mag je ze ook sluiten. Als je ervoor kiest je ogen iets geopend te houden, dien je je blik naar beneden te richten zonder echt naar iets te kijken of je op een bepaald voorwerp te concentreren. Sluit je mond, laat je kaken ontspannen en doe het puntje van je tong tegen je gehemelte, net achter de voortanden. Het is belangrijk dat geen enkel lichaamsdeel gespannen aan voelt, want dat kan je aandacht afleiden.

Zodra je de juiste houding hebt aangenomen, ontspan je je schouders en haal je diep adem. Neem jezelf daarna voor om tijdens deze periode van mentale discipline te proberen aandachtig te blijven in je geest en je gedachten niet doelloos te laten rondzwerven. Dit voornemen lijkt op het aangeven van de toon voor een gesprek.

Haal een paar keer diep adem en adem langzaam uit. Haal diep adem vanuit je onderlichaam zodat je buik op- en neergaat als je in- en uitademt. Deze ademhaling helpt je geest kalmeren en de intensiteit van de voortdurende gedachtestroom in je hoofd te verminderen. Met deze lichamelijke en geestelijke voorbereiding, kun je aan de volgende oefeningen beginnen:

Oefening A

1. Na de diepe ademhalingen - drie tot zeven keer, afhankelijk hoeveel je er nodig hebt om een bepaalde mate van rust in je geest te bereiken - keer je terug naar

je normale ademhaling. Laat de adem vrij in en uit stromen, zonder je in te spannen, terwijl je je aandacht de hele tijd bij je ademhaling houdt. Als je inademt, wees jezelf dan gewoon bewust van de instromende adem en bij het uitademen van de uitstromende adem. Je geest hoort in een neutrale toestand te verkeren, onpartijdig, vrij van oordelen. Span je geest niet in; houd je aandacht gewoon bij de simpele activiteit van het ademhalen. Probeer dit zo lang mogelijk vol te houden.

2. Er zullen ongetwijfeld gedachten opkomen, en je geest zal onrustig worden. Als je geest wordt afgeleid, merk dit dan gewoon op en concentreer je opnieuw. Haal een paar keer diep adem, zoals eerder uitgelegd, en richt je aandacht opnieuw op je ademhaling.

Je kunt deze meditatie in het begin vijf tot tien minuten doen. Naarmate je vorderingen maakt en beter in staat bent om langer met je aandacht bij je ademhaling te blijven, kun je de duur van je oefening geleidelijk verlengen.

Oefening B

Sommige mensen, vooral degenen met een actievere geest, kunnen de eerste meditatie moeilijk vinden, althans in de beginstadia van de oefening. Voor dit soort mensen is een andere variant van de meditatie misschien effectiever. Bij deze oefening blijf je niet alleen met je aandacht bij je ademhaling, maar tel je ook je ademhalingen. Sommige mensen merken dat tellen helpt om hun aandacht bij de ademhaling te houden. Bereid je geest en lichaam hier op dezelfde manier voor.

1. Na een paar keer diep in en uit te hebben geademd, richt je je aandacht op je ademhaling. Zoals eerder gezegd, dien je daarna normaal adem te halen en laat je je adem zonder inspanning in en uit stromen. In plaats van alleen aandachtig bij je ademhaling te blijven, ga je nu ook in jezelf je ademhalingen tellen. Elke in- en uitademing telt voor één. Dus als je inademt en daarna uitademt, tel je 'één', daarna 'twee', 'drie' enzovoorts. Je kunt beginnen met tellen tot tien, vijftien of eenentwintig, afhankelijk van hoe lang je je aandacht kunt vasthouden zonder afgeleid te worden.

2. Als je geest onrustig begint te worden, merk je ge woon op dat dat gebeurt en concentreer je je opnieuw. Haal een paar keer diep adem, zoals eerder beschreven, en ga dan verder met het tellen van je ademhalingen.

In het begin is het beter om je oefening vrij kort te houden, zeg vijf tot tien minuten. Als je vorderingen maakt met je mentale discipline, zal je vermogen om aandachtig te blijven tijdens de meditatie vanzelf toenemen.

Welke oefening je ook kiest, het is belangrijk om regelmatig te oefenen. De routine en regelmaat van het oefenen zelf zorgt voor een zekere mate van discipline en aandacht in je leven. Als je je vertrouwd hebt gemaakt met deze vorm van meditatie, zul je geleidelijk het vermogen verwerven om een rustige mentale toestand te ontwikkelen, die je daarna succesvol op elk willekeurig onderwerp kunt richten. Op deze manier zul je in staat zijn veel problemen te overwinnen die simpelweg voortkomen uit een ongeconcentreerde, ongedisciplineerde geestestoestand.